D1917924

Carlo M. Martini

DIE FLÜGEL DER FREIHEIT

Carlo M. Martini

Die Flügel der Freiheit

Meditationen zum Römerbrief

VERLAG NEUE STADT
MÜNCHEN · ZÜRICH · WIEN

Titel der italienischen Originalausgabe:
LE ALI DELLA LIBERTÀ
by Carlo Maria Martini
© 2009 Edizioni Piemme
© 2018 Mondadori Libri S.p.A.
Published by Mondadori under the imprint of Piemme

Ins Deutsche übertragen von Johannes Beutler SJ

Klimaneutral gedruckt – weil jeder Beitrag wichtig ist

MIX
Papier
FSC FSC® C083411

CPI klimaneutral
Mehr Bäume.Weniger CO_2

2021, 1. Auflage
© Alle Rechte der deutschen Ausgabe bei
Verlag Neue Stadt GmbH, München
Umschlaggestaltung (unter Verwendung eines Fotos
von Clemens Hachmöller) und Satz: Neue-Stadt-Grafik
Druck: CPI – Clausen & Bosse, Leck
ISBN 978-3-7346-1248-0

www.neuestadt.com

Johannes Beutler SJ

Zu diesem Buch

Das vorliegende kleine Buch ist eine Kostbarkeit. Es dokumentiert den letzten Exerzitienkurs, den Kardinal Carlo Maria Martini im Jahr 2008 in Rom hat geben können: tiefe, sehr persönliche Gedanken über den Brief des Apostels Paulus an die Römer.

In dieses Jahr 2008 fällt die endgültige Rückkehr von Kardinal Martini aus seinem geliebten Jerusalem nach Italien. Die letzten vier Lebensjahre vor seinem Tod am 31. August 2012 waren durch seine Parkinsonerkrankung und weitere gesundheitliche Einschränkungen geprägt. Noch in die letzte Zeit in Jerusalem reicht die Arbeit an dem Buch „Jerusalemer Nachtgespräche. Über das Risiko des Glaubens" (Freiburg i. B. 2008, Neuauflagen), das er mit seinem Mitbruder Georg Sporschill SJ verfasste und dessen Entstehung ich miterleben durfte. Zum Jahresende 2007/08 hatten wir im Haus der Konrad-Adenauer-Stiftung in Jerusalem noch ein Symposium zum Abschied des Kardinals aus Jerusalem gehalten, das auf seinen Wunsch unter dem Thema „Bittgebet“ stand. Diesem wollte er sich für den Rest seines Lebens widmen. Noch kurz vor seinem Tod schrieb Martini ein Büchlein „Der Bischof. Profil eines Amtes“ *(von mir übersetzt, St. Ottilien 2020, italienisches Original Turin 2011*). Er wollte darin festhalten, was er aufgrund seiner langjährigen Erfahrung als Erzbischof von Mailand (1980–2002) für einen Bischof als wichtig erachtete. Es war beeindruckend, ihn bei der Arbeit an diesem späten Text zu beobachten, wenn er in Gallarate bei Mailand über seinen kleinen Computer gebückt den Text eingab, bei schon eingeschränkter Sehfähigkeit und mit Fingern, die nur noch mühsam ihren Dienst versahen. Geistig war Martini bis zum Schluss völlig klar, doch litt er zunehmend unter seinen Einschränkungen, am härtesten wohl unter dem zunehmenden Ausfall der Stimme. Davon hat sein Sekretär, Krankenpfleger und Freund Damiano Modena in seinem Buch „Wenn das Wort verstummt“ (München u. a. 2014) eindrucksvoll berichtet. Dieser schickte mir auf meine Bitte hin am 28. Oktober 2020 auch einen Bericht über diesen letzten Exerzitienkurs Martinis, den ich hier anschließend wiedergebe und dem ich nichts hinzuzufügen habe.

EIN BERICHT VON DAMIANO MODENA ÜBER DIE EXERZITIEN VON CARLO M. MARTINI ÜBER DEN RÖMERBRIEF

Hier einige Erinnerungen an die Woche mit den Exerzitien über den Römerbrief, die Kardinal Martini 2008 in Ariccia (Rom) gegeben und 2009 unter dem Titel *Le Ali della Libertà* veröffentlicht hat. Leider kann ich mich nicht genau an die Woche erinnern, in der sie gegeben wurden. Aus meinen Unterlagen geht hervor, dass es sich wohl um die Woche vom 5. zum 9. Mai 2008 gehandelt hat. In den Monaten davor hatte es gelegentlich und kurzfristig Ausfälle der Stimme während der stets sehr vollen Tage des Kardinals gegeben. Es kam vor, dass die Stimme einige Stunden lang schwächer wurde, was den direkten wie auch den telefonischen Austausch deutlich erschwerte. Zeitweise war er sehr erschöpft, was auf eine Verschlechterung des Kreislauf- und Magen-Darm-Systems zurückging. Er meinte, wie er zu Beginn bekennt, den Kurs nicht mehr halten zu können.

Dieser Exerzitienkurs war vermutlich ein Jahr zuvor geplant und organisiert worden, und der Kardinal wollte sich der übernommenen Aufgabe nicht entziehen. Er frage mich einige Monate zuvor, ob ich mitkommen und ihm zwischen den Meditationen beistehen könne. Schwester Germana [die ihm sonst zur Seite stand] begleitete ihn in der Regel nicht nach Rom. Der Raum, in dem er die Vorträge hielt, war nicht sehr groß, und normalerweise brauchte es dort kein Mikrofon; doch für den nie vorsehbaren Fall, dass seine Stimme nachließ, sahen wir ein spezielles mikrofreies Verstärkersystem vor.

Ich erinnere mich an die Mühe und Erschöpfung, die es den Kardinal kostete, die Meditationen in der freien Zeit vorzubereiten. Er hatte im Vorfeld einen Gesamtaufbau erstellt, wollte es aber dem Heiligen Geist, den Eindrücken der Teilnehmer (für die er auf Wunsch der Interessierten täglich eine Zeit frei hielt) und dem Augenblick überlassen, ihm die jeweils geeigneten Textabschnitte nahezulegen. Ich denke, dass sich seine große Erfahrung, seine außergewöhnliche Gabe des Zuhörens und der Synthese bewährten, doch in diesem Falle musste er auch feststellen, dass es ihm seine physische Lage nicht erlaubte, den Bedürfnissen der Teilnehmer ganz gerecht zu werden.

Nach eine halben Woche musste ich ihm aufgrund eines mit der Parkinsonerkrankung verbundenen Problems vorschlagen, ein nahegelegenes Krankenhaus aufzusuchen und an diesem Tag eine

Meditation ausfallen zu lassen. Zunächst erwiderte er: „Aber die Priester erwarten mich!" Doch schließlich akzeptierte er die Kontrolle im Krankenhaus, bat die Priester um Entschuldigung und lud sie für diesen halben Tag zur persönlichen Reflexion ein.

Ich denke, dass die spirituelle Kraft des Buches auf verschiedene Faktoren zurückgeht:
– Erstens hängt es damit zusammen, dass er sich einem der hochstehendsten und komplexesten Texte des Neuen Testaments nähert, wie er selbst auf den ersten einleitenden Seiten sagt.
– Zweitens liegt es daran, dass ihm bewusst war, dass es sich um seinen letzten Exerzitienkurs handelte und er so für den Rest seines Lebens auf etwas würde verzichten müssen, was seinem Leben zeitlebens Sinn verliehen hatte.
– Drittens spielt der physische Schmerz hinein, die Schwäche, der beginnende Stimmausfall, die jede Meditation zur Qual werden ließen und die Fähigkeit zur Konzentration und zum Schweigen hintertrieben.

Haben die Leserinnen und Leser diese Dinge im Blick, können sie mit größerer geistlicher Frucht die ohnehin schon enorme Tiefe des Textes verstehen. So sagt der Verfasser:

„Das geistliche Leben bedeutet, in den Dingen des Alltags zu handeln, ohne unsere Fähigkeiten oder unsere Klugheit herausstellen zu wollen, ohne den kleinen Ruhm zu suchen, sondern einfach dadurch, dass wir ganz in dem, was wir tun, auch in einer unscheinbaren Geste, aufgehen. So sind wir ganz präsent, voller Aufmerksamkeit; es ist, als hätte die Handlung dieses Augenblicks – eine Tür öffnen, einen Brief schreiben, einen Kranken aufsuchen, einen Ritus vollziehen etc. – etwas vom Abenteuer des ersten Mals“ (s. unten S. 112).

Im vollen Bewusstsein, dass es wohl das letzte Mal wäre, hat Kardinal Martini diese Exerzitien gerade so gelebt, als wäre es das Abenteuer eines ersten Mals.

Damiano Modena

Editorische Notiz

Die besondere Entstehungsgeschichte dieses Buches legte es nahe, auf die übliche Anpassung des gesprochenen Wortes zu verzichten. So blieb die direkte Anrede der Exerzitienteilnehmer (eine Gruppe von Priestern) unangetastet, um einen Eindruck von der sehr persönlichen Zuwendung Kardinal Martinis zu den Einzelnen, die er vor sich hatte, zu vermitteln. In seiner von Damiano Modena eindrucksvoll beschriebenen Lage tritt vieles zurück hinter die persönliche Beziehung und das eigene authentische Zeugnis. Die Begegnung zählt, die Hinwendung zu denen, die einem am Herzen liegen und deren Präsenz sich im eigenen Sprechen spiegelt. Unschwer werden die Leserinnen und Leser speziell auf die anwesenden Priester bezogene Stellen auf ihre jeweilige Lebenssituation übertragen können.

Es erübrigt sich auszuführen, dass es sich nicht um wissenschaftliche Bibelauslegung handelt, auch wenn Martinis profunde exegetische Kenntnisse stets im Hintergrund stehen.

Wer dieses Buch liest, darf und wird sich mit angesprochen, vielleicht könnte man sagen: mit angeschaut fühlen von einem Menschen, der durchdrungen war von der Liebe zum Wort Gottes. Einem Wort, das in jedweder Lage „F l ü g e l d e r F r e i h e i t" schenken kann.

Ein herzlicher Dank gebührt Pater Johannes Beutler für den Hinweis auf diese „Perle" und die Übersetzung.

Verlag Neue Stadt

Inhalt

Einführung

„Wir danken dir, Herr, dass du uns in diese Zeit der Besinnung und des Schweigens rufst. Hilf, dass wir sie nicht vergeuden, sondern jede Minute nutzen, die uns gegeben ist, um in deiner Gegenwart und von deiner Gegenwart zu leben. Du, Herr, bist in unserer Mitte, du bist hier, um uns beizustehen, uns zu tragen und zu stärken. Wir loben dich, wir preisen dich und wir verherrlichen dich um deines unendlichen Glanzes willen."

Ich danke unserem Herrn Jesus. Ich danke ihm, dass er mir noch einmal, vielleicht das letzte Mal, die Gelegenheit gegeben hat, mich mit euch zu einem Augenblick der geistlichen Besinnung und der Meditation des Wortes [der Heiligen Schrift] zu treffen. Ich sage dies, weil ich bis vor ein paar Monaten meinte, diese Exerzitien nicht geben zu können, da ich seit etwa zehn Monaten eine Reihe von Gebrechen zu tragen habe, die teils auf mein Alter, teils auf die chronische Parkinsonkrankheit zurückgehen. So stand ich kurz davor, auf diese Gelegenheit der Begegnung zu verzichten. Die Großzügigkeit einiger Freunde und die Hilfsbereitschaft einiger von euch haben mich dann doch bewogen, die Einladung anzunehmen.

Ich danke Gott; ich danke Jesus, der uns in sein Geheimnis führt; ich danke Maria, der Mutter der Barmherzigkeit, die uns an diesem durch die Gegenwart vieler Heiliger geheiligten Ort aufgenommen hat; ich danke euch, die ihr diese Einladung angenommen und euch „auf den Weg zum himmlischen Jerusalem" aufgemacht habt. Ihr habt euch in eurem Herzen zu diesem heiligen Weg entschlossen, wie Psalm 83 es ausdrückt. Ich begrüße euch alle und jeden von euch von Herzen, diejenigen, die ich kenne, jene, die ich zum ersten Mal sehe, sowie jene, die aus Mailand gekommen sind (und die natürlich einen besonderen Platz in meinem Herzen haben), und alle jene, die aus anderen Teilen Italiens und der Welt kommen. Ich begrüße euch und danke Gott, dass ich mit euch diese kurze Wegstrecke zurücklegen darf.

DIE AN DEN EXERZITIEN BETEILIGTEN

In dieser Einleitung halte ich es für angebracht, die fünf an den Exerzitien Beteiligten zu nennen; es sind fünf Mitwirkende, fünf lebendige und aktive Wirklichkeiten, die bei diesen euren Exerzitien zusammenwirken.

Die erste ist der *Heilige Geist,* der nach den kühnen Worten des heiligen Ignatius das Herz des Menschen unmittelbar berührt; das ist nichts Neues, aber doch ein besonderer Aspekt der ignatianischen Spiritualität: Der Mensch wird unmittelbar von Gott berührt, nicht nur durch die Vermittlung der Kirche, über die Gebote und die verschiedenen kirchlichen Institutionen. Es gibt einen Ort im Herzen, wo Gott uns berührt – sagt Ignatius –, und so ist der Geist der Erste an diesen Exerzitien Beteiligten. Es gilt, sich ihm anzuvertrauen. Auch ich vertraue mich ihm an, und dies umso mehr, da ich aus Gesundheitsgründen, wie ich euch gesagt habe, fast nichts vorbereiten konnte: Ich komme ganz oder fast ganz unvorbereitet und vertraue auf den Geist.

Natürlich setzt der Geist bei uns Sammlung voraus. Es ist wichtig, in den Exerzitien zu Absonderung, Schweigen und Meditation zu gelangen. Ich empfehle euch vor allem die Augenblicke, in denen dies in Gefahr ist: zum Beispiel bei Tisch, wenn man dem Nachbarn so gern etwas mitteilen möchte. Dies würde vielleicht nicht die Atmosphäre beeinträchtigen, könnte aber doch eine Art Unruhe zur Folge haben, und so bitte ich euch, wenn es etwas Wichtiges mitzuteilen gibt, den Augenblick abzuwarten, in dem die Hausgemeinschaft nicht gestört wird. Und das Schweigen ist einzuhalten, sei es aus Respekt vor dem Gast, dem Heiligen Geist, sei es aus Rücksicht auf den inneren Weg der anderen.

Zweiter Teilnehmer: *ihr*, die ihr die Exerzitien macht. Ihr schickt euch an, einen Weg einzuschlagen, der euch verändern wird. Vielleicht wiederholt sich manches, und doch beginnen wir im Vergleich zum Vorjahr die Exerzitien jedes Jahr irgendwie als andere Menschen. Mal sind wir voller Schwung, mal müde, mal verbittert oder frustriert, mal voller Hoffnung. Unsere Gemütsverfassung schwankt ständig. Das hängt in starkem Maße von den Erfahrungen ab, die wir im Laufe des Jahres gemacht haben. So beginnt ihr diese Exerzitien jeder in der Verfassung, in der er sich gerade befindet.

Als erste Übung bitte ich euch, schriftlich auf zwei Fragen zu antworten:

Erste Frage: Wie trete ich in die Exerzitien dieses Jahres ein? Besonders müde, frustriert, zufrieden, hoffnungsvoll, mit Prüfungen oder Versuchungen?

Zweite Frage: Wie möchte ich diese Exerzitien beenden, das heißt mit welchen neuen Einsichten, mit welcher Kraft, mit welchem Licht? Das wird euch von Anfang an sehr bei der Suche nach Orientierung helfen.

So seid – nach dem Heiligen Geist – vor allem ihr selbst es, auf die es ankommt, ein jeder von euch.

Der dritte Beteiligte bin irgendwie auch *ich*, der euch durch diese Exerzitien begleitet. Wie ich euch sagte, wird dieses Jahr mein Beitrag etwas reduziert ausfallen, da die Stimme versagt, und so kann ich euch auch nicht wie gewohnt einzeln treffen und anhören.

Gegenüber von dieser Kapelle befindet sich ein Zimmer, in dem mich immer wieder einfinde, und dort gibt es auch einen Briefkasten, in dem ihr mir Notizen mit euren Gedanken, euren Reaktionen, euren Fragen und euren Anregungen hinterlassen könnt. Da ich euch nicht einzeln anhören kann, bitte ich euch, mir eure Gedanken auf diesem Wege mitzuteilen, damit ich sie lesen kann.

Exerzitien bieten eine Gelegenheit zu einer tiefen Verbundenheit im Glauben. Sie wird im Gebet geschenkt, und das ist sehr wichtig. Dazu gibt es eine Verbundenheit im Glauben, die durch die Auslegung des Wortes ermöglicht wird. Hinzu kommt jene Verbundenheit im Glauben, die entsteht, wenn ich eure Fragen, eure Bitten, eure Zweifel und Vorschläge lese.

Es gäbe noch eine andere Weise der Kommunikation: Sie bestünde darin, dass wir uns alle gelegentlich zu einem freien Austausch treffen.

Aufgrund meines Gesundheitszustandes kann ich dies nicht abends nach dem Abendessen einplanen, aber wenn es mehrere von euch dringend wünschen, könnte man ein solches Treffen zu einem bestimmten Zeitpunkt anstelle der Meditation vorsehen: Auch so könnten wir einander anhören und geistlich fördern.

Vierter Mitwirkender: Vielleicht haben wir das nicht im Blick, aber hinter diesen Exerzitien steht auch *eure Pfarrgemeinde oder religiöse Gemeinschaft,* das heißt die Kirche, die für diesen euren Weg betet, damit es ein in Wahrheit, in Klarheit und Entschiedenheit beschrittener Weg wird. Achten wir darauf, dass diese Gelegenheit nicht vergeudet oder oberflächlich verspielt wird und am Ende nichts dabei herauskommt. Eure Heiligen beten für euch.

Fünfter Mitwirkender: Vergessen wir nicht den *Feind,* den Widersacher, der auf der Lauer ist, um einen jeden von euch zu umgarnen, indem er sich die Augenblicke der Müdigkeit, der Langweile, der Zerstreuung oder der Frustration zunutze macht. Hier gilt es kraftvoll zu widerstehen: widerstehen, widerstehen, widerstehen. Denn von der Kraft, mit der wir widerstehen, hängt auch der Zusammenfall der Seifenblase ab, die der Widersacher aufbaut.

Dies sind also die fünf Mitwirkenden, die an diesen Exerzitien beteiligt sind. Ich bitte euch, euren Teil vertrauensvoll zu übernehmen, sodass ihr die Gnaden und die Erleuchtungen erlangt, die der Herr für jeden von euch und auch für mich vorgesehen hat.

DAS THEMA DER EXERZITIEN

Ich habe den schwierigsten Gegenstand ausgewählt: den *Römerbrief*. Bisher hatte ich andere Themen für die Exerzitien gewählt, aber nie den Mut besessen, diesen sperrigen Text zugrunde zu legen. Doch dann habe ich mir gesagt: „Dieses Mal muss ich es angehen: Vielleicht ist es das letzte Mal, und so muss ich über diesen Graben springen!" So wird dieser Brief unser Thema sein.

In dieser Meditation möchte ich diese Wahl, wenn man so sagen will, „rechtfertigen", indem ich zeige, wie sie sich einfügt in die Optionen eines älteren Menschen am Zielpunkt eines Lebens in der Kirche. Denn ich meine, die Antwort auf die Frage, worüber wir letztlich und definitiv reden sollten, sollte lauten: über *das ewige Leben*, jenes Leben, durch das wir *ihm* ähnlich sein werden und *ihn* schauen werden, wie er ist. Wir sollten über jenes Leben sprechen, in dem Christus dem Vater das Reich übergeben und Gott alles in allem sein wird.

Darüber findet sich nicht viel in der Heiligen Schrift, es sei denn in Bildern, zum Beispiel dem vom Festmahl auf dem Berg, das Jesaja beschreibt:

> „Der HERR der Heerscharen wird auf diesem Berg /
> für alle Völker ein Festmahl geben
> mit den feinsten Speisen, / ein Gelage mit erlesenen Weinen,
> mit den feinsten, fetten Speisen, / mit erlesenen, reinen Weinen.
> Er verschlingt auf diesem Berg die Hülle, die alle Völker verhüllt, /
> und die Decke, die alle Nationen bedeckt.
> Er hat den Tod für immer verschlungen, /
> und Gott, der HERR, wird die Tränen von jedem Gesicht abwischen …“
>
> (Jes 25,6-8)

Das schwache Bild vom Festmahl reicht kaum aus, um irgendwelche Wünsche nach dem ewigen Leben wachzurufen. Wir müssen uns Gott anvertrauen! Es ist sicherlich ein faszinierendes Thema, über das sich der heilige Augustinus und seine Mutter Monika in Ostia kurz vor dem Tod der Mutter ausgetauscht haben: Sie sprachen von der Schönheit des Himmels.

Das Leben nach dem Tod ist eine Frage, die die Jahrtausende durchzieht. Es ist die Kernfrage, denn sie zwingt uns, darüber nachzudenken, wie alles endet.

Das ewige Leben ist der große, endgültige, unwiderrufliche Sieg Gottes. Es wurzelt in Tod und Auferstehung Jesu, der uns die Fülle des Lebens erwirkt hat.

Ein anderes Thema, über das ich gern ausführlich nachdenken möchte, ist *der Tod Jesu*. Was mich in diesem letzten Abschnitt meines Lebens, auch in Folge meiner häufigen Krankenhausaufenthalte, bewegt hat, ist die Tatsache, dass Jesus von Anfang an vom Vater gleichsam an die Hand genommen und getreulich begleitet worden ist: „Dieser ist mein auserwählter Sohn, auf ihn sollt ihr hören" (Lk 9,35).

Dann allerdings scheint dieser Sohn immer mehr vom Vater verlassen worden zu sein. In den letzten Tagen scheint er sich nicht mehr für ihn zu interessieren, er lässt ihn fallen: verraten, gebunden, beleidigt, gefoltert, getötet. Man könnte sagen, dass der Vater alles tut, um seine Hochschätzung Jesu zu widerrufen, dass er alles tut, um zum Ausdruck zu bringen, dass er sich in keiner Weise mehr für ihn interessiert. Jesaja schreibt: „Er wurde verachtet und von den Menschen gemieden, ein Mann voller Schmerzen, mit Krankheit vertraut. Wie einer, vor dem man das Gesicht verhüllt, war er verachtet; wir schätzten ihn nicht" (53,3).

So lesen wir im Lukasevangelium: „Das Volk stand dabei und *schaute zu*; auch die führenden Männer *verlachten* ihn und sagten: ‚Andere hat er gerettet, nun soll er sich selbst retten, wenn er der Christus Gottes ist, der Erwählte'" (23,35).

Was mich berührt: Jesus, so gedemütigt, beschämt, preisgegeben, weicht keinen Millimeter von seinem Vertrauen auf den Vater ab; er geht voran auf dem Weg des Verlassenseins, auf den er sich an dem Tag begeben hatte, an dem er in den Jordan hinabstieg, um sich von Johannes dem Täufer taufen zu lassen. Jesus kehrt nicht um, er lässt sich nicht von Zweifeln anfechten, er zögert nicht, sehnt sich nicht wehmütig nach dem Früheren zurück, etwa in Form des Eingeständnisses: „Ich habe mich geirrt, wenn ich meinte, diesen Weg durchhalten zu können. Es wäre besser gewesen, an einem bestimmten Punkte fortzuschleichen." Nein, Jesus gibt sich gänzlich preis, bis zum Verlust aller Sicherheiten, bis zur völligen Selbstaufgabe. Darauf läuft sein Leben hinaus, das ist der Sinn des Todes Jesu, wie ihn seine eigenen Worte nahelegen: „Vater, in deine Hände lege ich meinen Geist." Dieses Vertrauen ist es, was mich am Tod Jesu am meisten beeindruckt: diese rückhaltlose Selbstübergabe, wie sie auch von uns in den Augenblicken des Dunkels verlangt wird, wenn wir mehr und mehr die menschliche Unterstützung verlieren, jede Hoffnung, und Schritt für Schritt deutlicher spüren, dass wir gerufen sind, im Tod alles preiszugeben, uns wie die kleinen Kinder in die Arme des Vaters fallen zu lassen. Jesus als Vorbild der Hingabe für jeden von uns: Das wäre ein Thema, das ich gerne in den Exerzitien behandeln würde, denn dies ist ein entscheidendes, finales Thema.

Der Tod ist freilich nicht der Mittelpunkt der Verkündigung; in ihrem Zentrum steht das Leben, die Auferstehung. So kommt es darauf an, dass am Ende alles darauf hinausläuft, die Auferstehung zu verkünden, das zentrale Thema des Neuen Testamentes. Es geht um die Fülle der ewigen Herrlichkeit und ihre Auswirkungen in der Geschichte.

Dies ist das Thema, das Paulus im *Brief an die Römer* aufgreift. Paulus hatte schon die Fülle der Herrlichkeit verkündet, so etwa im *1. Brief an die Thessalonicher*: Er ruft ihnen in Erinnerung, dass er sie eingeladen hatte, vom Himmel her den Retter Jesus zu erwarten, den „Sohn", den Gott „von den Toten auferweckt hat, Jesus, der uns dem kommenden Zorn entreißt" (1,10). Paulus hatte diese Fülle des Lebens schon verkündigt und versucht zu beschreiben, welche Auswirkungen sie auf das sittliche und geistliche Leben der Christen hat.

Daran erinnert Paulus auch aus einem pädagogischen Grund. Dem Apostel war klar, dass er mit praktisch veranlagten Menschen zu tun hatte, mit Juden, denen es auf die Beobachtung von Riten und Vorschriften ankam, nicht nur auf Ideen, sondern auf Tatsachen und Taten. Paulus wollte die praktischen Auswirkungen des Lebens in Christus aufzeigen, die Neuheit des von Christus geschenkten Lebens. So fand er es leichter, Leuten, denen es sehr auf die Observanz und die sittliche Leistung ankam, das Wesentliche der christlichen Botschaft aufzuzeigen, damit diese nicht wie eine zusammengestrichene Thora, eine *Thora light* aussah. Paulus wollte die Auswirkungen der Nachfolge und Nachahmung Jesu *auf das Heil* aufzeigen. Darum betont er mit allem Nachdruck die Herrlichkeit Gottes, die im täglichen Leben aufstrahlen kann.

Darüber hinaus konnte Paulus nicht den Jubel der Rabbinen über die eigene Gerechtigkeit ertragen, eine durch die Beobachtung des Gesetzes erlangte Gerechtigkeit. Vor allem konnte Paulus nicht die Lehre derjenigen ertragen, die in der Meinung, Gerechtigkeit vor Gott gebe es allein im Judentum, verlangten, dass alle Getauften beschnitten und zur Einhaltung des vollen mosaischen Gesetzes verpflichtet werden müssten.

Das rabbinische Gesetz erfordert die Beachtung zahlreicher Speisegesetze. Paulus war der Auffassung, dass die Heiden, wenn sie diesem rigiden System von Riten unterworfen worden wären, die Neuheit Christi eingebüßt hätten und der Eindruck entstanden wäre, sie seien durch die Einhaltung ihrer Praktiken und nicht durch Jesus gerettet.

In diesem Zusammenhang möchte ich einige Abschnitte aus der *Apostelgeschichte* lesen; da heißt es:

„Es kamen einige Leute von Judäa herab und lehrten die Brüder: Wenn ihr euch nicht nach dem Brauch des Mose beschneiden lasst, könnt ihr nicht gerettet werden" (Apg 15,1, vgl. 15,2). – Paulus und Barnabas widersetzten sich entschieden dieser Lehre. Es reizt, diesen Zorn des Paulus mit der Freude zu vergleichen, mit der er erzählt, wie die Heiden ohne den Weg über das Gesetz des Mose den christlichen Glauben angenommen hatten. Hierhin gehört auch Apg 15,12: „Da schwieg die ganze Versammlung. Und sie hörten Barnabas und Paulus zu, wie sie erzählten, welch große Zeichen und Wunder Gott durch sie unter den Heiden getan hatte" – und zwar ohne das Gesetz des Mose!

Wir können die Enttäuschung des Paulus noch heraushören, wenn er nach dem Bericht über die von Gott gewirkten wunderbaren Dinge, die Gott unter den Heiden gewirkt hatte, zu hören bekommt: „Du siehst, Bruder, wie viele Tausende unter den Juden gläubig geworden sind, *und sie alle sind Eiferer für das Gesetz*" (Apg 21,19). Das lief darauf hinaus zu sagen, dass nur die Einhaltung der Thora der rechte Weg war. Paulus musste vor dieser Sicht des Christentums wahren Zorn empfinden, vielleicht ähnlich wie beim Gang durch die Straßen Athens ging, als er sah, wie abergläubisch die Athener waren (Apg 17,16).

Paulus stellt darum mit allem Nachdruck heraus, dass das Christentum verwandelnd wirkt, und nicht nur das Gesetz des Mose. So können wir sagen, dass Paulus im Römerbrief von den Auswirkungen der Auferstehung spricht: als einer Gerechtmachung, als Rechtfertigung, oder sagen wir besser: als Heiligung, als neuem Leben, wobei er sich der Sprache der Rabbinen bedient.

Fragen wir uns am Schluss, welche Bedeutung all dies für heute besitzt. Hier möchte ich nicht zuletzt auf einen Punkt hinweisen:

Wir [als Bischof, als Priester] verbringen unser ganzes Leben damit zu sagen, dass Gott es ist, der alles tut; wir hingegen seien nur armselige Mitarbeiter. Doch in Wirklichkeit denken wir das Gegenteil: Ohne uns, so meinen wir, tue Gott nichts.

Darum brauchen wir so dringend die Lektüre des heiligen Paulus: Weil wir im Grunde unseres Herzens meinen, dass wir es wären und nicht Gott, der das Gute bewirkt. Doch: Alles Heil kommt von Jesus! So brauchen wir eine fortschreitende Läuterung, die uns dahin führt, anzuerkennen, dass Gott alles ist und dass er wirklich wirkt. Das sehe ich auch an mir. So hat Gott jetzt zugelassen, dass ich diese Exerzitien beginne ohne Vorbereitung und ohne Sicherheit in Bezug auf meine Person, um sein Wort wirken zu lassen, seinen Geist.

Kommen wir zu der Einsicht, wer in Wahrheit der erste Urheber des christlichen Lebens ist.

Versäumt aus diesem Grunde nicht, den Römerbrief zu lesen. Lest ihn ganz, um ein Gesamtbild von ihm zu bekommen und seine Kraft, fast möchte ich sagen: die geradezu brachiale Gewalt des Paulus zu erfahren.

Ich habe nicht vor, den ganzen Römerbrief mit euch zu lesen, sondern wähle nur einige Abschnitte aus, und zwar im Geiste der Exerzitien des heiligen Ignatius: Sie sollen uns helfen, den Weg des Jüngers zu meditieren und ihm zu folgen.

So lege ich euch einzelne Abschnitte vor und versuche sie vom Kontext abzugrenzen und ihre Struktur zu finden; dann den Inhalt zu verstehen, um uns anschließend zu fragen, welche Überlegungen sich aus ihnen für unser Leben ergeben.

Eines möchte ich gleich zu Anfang nennen. Wir haben gesagt, dass Paulus die rabbinische Redeweise verwendet, um eine christliche Wahrheit zum Ausdruck zu bringen. Wir Heutigen tun uns damit schwer: Wir verwenden diese althergebrachten Worte, um ewige oder allgemeingültige Inhalte zu vermitteln, und merken, wie schwer es ist, sich verständlich zu machen; wir finden uns konfrontiert mit althergebrachten, unverständlich gewordenen Worten, und wollen mit ihnen etwas vermitteln ... Ich meine nicht, dass wir den althergebrachten Wortschatz einfach abschaffen oder über Bord werfen sollten. Ich meine allerdings, dass es notwendig ist, ihn in verständlicher Weise vorzulegen, fast in Umgangssprache. Dahinter steckt freilich lange Arbeit, und sie setzt voraus, dass man die Botschaft zuvor tief verinnerlicht hat. Das ist weder eine leichte noch eine unmittelbar zu Ergebnissen führende Arbeit. Es gilt, so sehr in das Geheimnis Jesu eingedrungen zu sein, dass man es in allen möglichen Formen zum Ausdruck bringen kann, sei es auf klassische Weise, sei es auf moderne, ohne den Grundgedanken preiszugeben.

Jesus spricht klar, und diese Klarheit ist Zeichen einer „erhellten Existenz". Wir dagegen drücken uns oft dunkel aus, weil es in uns selbst dunkel ist. Bitten wir den Herrn, uns zu Klarheit zu führen und zur Fähigkeit, in einfacher Weise von den Dingen Gottes zu sprechen.

So lade ich euch ein, den Römerbrief zu lesen, und bitte euch dabei, euch das Ziel vor Augen zu führen, zu dem ihr gelangen möchtet.

Wer, was, wem, warum?

Das Proömium des Römerbriefs

„Komm, Heiliger Geist, erfülle die Herzen deiner Gläubigen und schenke uns die Fülle deines Trostes."

Den Römerbrief zu meditieren ist fast wie der Eintritt eines Flugzeugs in eine jener gefährlichen Wolken, die die Piloten nach Möglichkeit vermeiden, wenn sie auf dem Monitor aufscheinen: Wolken, in denen es Blitze, Sturm und Hagel gibt und das Flugzeug heftigen Stößen ausgesetzt sein kann. Wir haben das Risiko gewählt und uns entschlossen, in den Römerbrief, diese dichte Wolke, einzutreten. Aber nicht ohne einen Augenblick der Stille, des Innehaltens, der Vorbereitung.

Dazu dienen die Eingangsverse des Briefes, jene Verse, in denen Paulus angibt, wer er ist, wem er schreibt, warum er schreibt und was er sagen will. Das ist das Proömium, das für gewöhnlich in den Paulusbriefen kurz ausfällt. Hier ist es freilich sehr ausführlich; es ist das ausführlichste von allen, da Paulus umsichtig die großen Themen andeuten will, die später Funken, Blitze und Donner auslösen werden. Ich habe diese Meditation überschrieben mit *„Wer, was, wem, warum?"*: Das sind alle Bestandteile eines antiken Proömiums, doch Paulus bestückt sie mit Elementen, die so nicht üblich sind.

Es ist nicht schwierig, das Proömium abzugrenzen: Es reicht vom Anfang des Briefes bis zum Vers 17. Mit Vers 15 endet die ruhige Fahrt, mit Vers 16 beginnen der Eintritt in die Wolke und die Erschütterungen. Lesen wir den Text:

> „Paulus, Knecht Christi Jesu, berufen zum Apostel, ausgesondert, das Evangelium Gottes zu verkünden, das er durch seine Propheten im Voraus verheißen hat in heiligen Schriften: das Evangelium von seinem Sohn, der dem Fleisch nach geboren ist als Nachkomme Davids, der dem Geist der Heiligkeit nach eingesetzt ist als Sohn Gottes in Macht seit der Auferstehung von den Toten, das Evangelium von Jesus Christus, unserem Herrn. Durch ihn haben wir Gnade und Apostelamt empfangen, um unter allen Heiden Glaubensgehorsam

aufzurichten um seines Namens willen; unter ihnen lebt auch ihr, die ihr von Jesus Christus berufen seid. An alle in Rom, die von Gott geliebt sind, die berufenen Heiligen: Gnade sei mit euch und Friede von Gott, unserem Vater, und dem Herrn Jesus Christus.
Zunächst danke ich meinem Gott durch Jesus Christus für euch, weil euer Glaube in der ganzen Welt bekannt gemacht wird. Denn Gott, dem ich mit der Verkündigung des Evangeliums von seinem Sohn mit ganzem Herzen diene, ist mein Zeuge: Unablässig denke ich an euch in allen meinen Gebeten und bitte darum, es möge mir durch Gottes Willen endlich gelingen, zu euch zu kommen. Denn ich sehne mich danach, euch zu sehen; ich möchte euch ein wenig mit geistlicher Gnadengabe beschenken, damit ihr gestärkt werdet, oder besser: damit wir, wenn ich bei euch bin, miteinander Zuspruch empfangen durch den gemeinsamen Glauben, euren und meinen. Ihr sollt wissen, Brüder und Schwestern, dass ich mir schon oft vorgenommen habe, zu euch zu kommen, aber bis heute daran gehindert wurde; denn wie bei den anderen Heiden soll meine Arbeit auch bei euch etwas Frucht bringen. Griechen und Nichtgriechen, Gebildeten und Ungebildeten bin ich verpflichtet; deshalb bin

> ich, so viel an mir liegt, bereit, auch euch in Rom das Evangelium zu verkünden.
> Denn ich schäme mich des Evangeliums nicht: Es ist eine Kraft Gottes zur Rettung für jeden, der glaubt, zuerst für den Juden, aber ebenso für den Griechen. Denn in ihm wird die Gerechtigkeit Gottes offenbart aus Glauben zum Glauben, wie geschrieben steht: *Der aus Glauben Gerechte wird leben*" (Röm 1,1-17).

Zuerst fragen wir nach dem „Wer?": *Wer* schreibt? Wir wissen, dass Paulus nie in Rom gewesen war und auch die dortige Gemeinde nicht kannte und sich somit vorstellen muss. Indem Paulus von sich selber spricht, spricht er auch von seinem Glauben, ein Zug, der sich sonst in den Briefen des Paulus nicht findet. Hier braucht er eine Art „Visitenkarte", mit der er zum Ausdruck bringt: „Das ist es, woran ich glaube ..." Dabei wählt er eine Weise, seinen Glauben auszudrücken, die nicht seinem sonstigen Wortgebrauch entspricht, aber vermutlich in Rom gut verstanden wurde.

Das „Was?" kommt in der Themenankündigung zur Sprache, die vom Vers 2 bis zum Vers 6 reicht.

Und wem schreibt Paulus? „An alle in Rom, die von Gott geliebt sind, die berufenen Heiligen" (Vers 7). Hier gibt es eine Eigentümlichkeit, die mir vorher nie aufgefallen war, mich aber bei der Lektüre eines gründlichen exegetischen Kommentars überzeugt hat. Für gewöhnlich schreibt Paulus an die Kirche Gottes, die da ist in Ephesus, in Kolossä oder in Korinth; hier aber wird keine Kirche erwähnt.

Die Exegeten diskutieren darüber. Vielleicht sah Paulus die dortigen Chrisen nicht als hinreichend geeint an, eher als eine Gruppe Frommer? Es bleibt aber immer noch mysteriös, warum Paulus die Christen in Rom nicht Kirche nennt. Vielleicht war die römische Kirche aus der Bekehrung Einzelner oder kleiner Gruppen entstanden, die sich zusammengeschlossen hatten, und es hatte sich noch keine Einheit gebildet.

„An alle in Rom, die von Gott geliebt sind, die berufenen Heiligen: Gnade sei mit euch und Friede von Gott, unserem Vater, und dem Herrn Jesus Christus": Es ist der gewöhnliche Gruß, der am Anfang eines Briefes ausgerichtet wird. „Gnade sei mit euch und Friede" ist der Friedensgruß, den wir in jeder Eucharistiefeier wiederholen; ihm folgen ein Dank und ein Gnadenwunsch: „Zunächst danke ich meinem Gott …, jenem Gott, dem ich mit meinem ganzen Herzen diene …, und bitte darum, es möge mir durch Gottes Willen gelingen, zu euch zu kommen" (Verse 8-10).

Paulus will die Vorgaben für eine Begegnung klären, was bei den anderen Briefen nicht der Fall ist, die er an Gemeinden schickt, in denen er vielleicht schon früher gewesen ist. Warum denkt er an eine Begegnung? Zunächst weil er sich danach sehnt: Er spricht von dem „sehnlichen Verlangen", sie zu sehen. Paulus spürt eine Art Sendung zu allen, es drängt ihn, alle irgendwie zu kennen; das treibt ihn um. Dann fügt er hinzu: „... damit wir, wenn ich bei euch bin, miteinander Zuspruch empfangen, durch den gemeinsamen Glauben, euren und meinen".

Diese Worte zitiere ich oft, da mir in der Begleitung vieler Exerzitien eine Spannung aufgefallen ist zwischen dem Vermitteln des Wortes und dem „Empfangen". Wer die Exerzitien gibt, wartet darauf, dass etwas zurückkommt; er hofft auf einen Austausch, und sei es stillschweigend. Ihr habt aber auch die Möglichkeit, etwas zu schreiben oder ein Gespräch zu suchen. Auch der Glaube dessen, der die Exerzitien gibt, soll wachsen; auch Exerzitien zu geben heißt wachsen. Ich habe festgestellt, dass es unter allen Aktivitäten meines Lebens die ignatianischen Exerzitien sind, die mich in meinem Glauben am meisten haben wachsen lassen, im Austausch mit dem Glauben vieler Menschen. Stellen wir uns also in der Weitergabe des Glaubens an andere darauf ein, dass etwas zurückkommt; das ist ja eigentlich auch selbstverständlich.

Der Inhalt des Glaubens ist „das Evangelium von seinem Sohn, der dem Fleisch nach geboren ist als Nachkomme Davids, der dem Geist der Heiligkeit nach eingesetzt ist als Sohn Gottes in Macht seit der Auferstehung der Toten …".

Die Begriffe sind alle da, aber Paulus spricht in einer Weise, die wir nicht erwarten würden und die zwar in der Gemeinde von Rom verständlich klang, aber nicht in anderen Kirchen. Das fordert uns dazu auf, in unserem Wortgebrauch sehr aufmerksam zu sein: Es geht nicht darum, das zu sagen, was *wir* verstehen, sondern eher das, was die anderen verstehen können. Fragen wir uns: Wie kommt das, was ich sage, bei dem oder der anderen an?

Es gilt, Einbildungskraft aufzubringen, ins Herz der Menschen vorzudringen, um herauszufinden, wie sie auf das, was ich sage, reagieren werden. Dazu braucht man keine besonderen psychologischen Kenntnisse; mit etwas Sensibilität ist das möglich.

Es gilt also, das zu sagen, was der Text sagt, aber auch, sich in die Mentalität der Menschen zu versetzen, um ihn verständlich auslegen zu können. Ich habe vor Kurzem ein Buch mit einem Dialog mit jungen Menschen veröffentlicht. Darin versuche ich die Dinge einfach zu sagen, die jungen Leute anzuhören, die sich meistens direkt ausdrücken, und in ihrer Sprache zu antworten. Ich weiß nicht, ob es mir gelungen ist. Ihr könnt euch selbst ein Urteil bilden.

Paulus richtet seine Botschaft gewissenhaft aus, verzichtet dabei aber auf den Gebrauch seiner eigenen Worte und lässt sich auf die anderer ein.

Ein Drittes, das ich hier hervorheben möchte, ist, dass Paulus Gott *dankt*. Es gilt allem voran zu danken. Ich erinnere mich, dass bei meinen pastoralen Visiten der Pfarrgemeinderat zumeist so begann: „Leider sind wir nur wenige, wir sind auch immer die Gleichen, und wir schaffen es nicht, das zu tun, was wir uns vorgenommen haben, uns fehlen die jungen Leute." Ich habe dann erwidert: „Habt ihr denn nichts, wofür ihr Gott zu danken hättet? Begreift ihr nicht, dass alleine die Tatsache, dass ihr den Glauben in einer so heidnischen Umwelt lebt, eine unermessliche Gabe Gottes ist?"

Allem voran danken wir Gott für diese Kirche, für diesen Papst, für diese Realitäten, auch wenn wir sicher etwas zu kritisieren hätten. Stellen wir alles in einen Rahmen der Danksagung. Wir danken Gott für das, was wir sind, für das, was er uns gegeben hat, für unsere Kirche, für unsere Gemeinschaft, für unsere Pfarrgemeinde. Es wäre schön, wenn ein Priester auf die Kanzel träte und sagte: „Ich danke Gott, dass ihr hier seid, ich danke Gott für euren Glauben, eure Geduld, eure Ausdauer."

Paulus fährt fort: „Zunächst danke ich meinem Gott durch Jesus Christus für euch alle, weil euer Glaube in der ganzen Welt bekannt gemacht wird." Dann bringt er etwas zum Ausdruck, das tief in ihm steckt: „Denn Gott, dem ich mit der Verkündigung von seinem Sohn mit ganzem Herzen diene, ist mein

Zeuge: Unablässig denke ich an euch in allen meinen Gebeten und bitte darum, es möge mir durch Gottes Willen endlich gelingen, zu euch zu kommen." Paulus betet unablässig für diese Gemeinde und die anderen Gemeinden.

Ich habe in diesen Jahren viel über das *Bittgebet* nachgedacht und auch einige Gedanken darüber geschrieben, die ihr in der einen oder anderen Publikation findet. Ich habe vor, ein zusammenfassendes Büchlein über die Themen des Bittgebets zu schreiben.

Uns ist eine große Gelegenheit gegeben: für alle Kirchen zu beten, für die ganze Menschheit zu beten, für alle zu beten, die leiden, für alle Kranken, Gefangenen, Sterbenden zu beten. Sicher ist unsere Fürsprache armselig, zerstreut und manchmal blass. Doch wir dürfen nicht vergessen, dass unser Gebet ein kleines Rinnsal ist, das in den großen Fluss der Fürsprache der Kirche einmündet, der sich seinerseits in das gewaltige Meer der Fürsprache Christi ergießt, der ewig lebt und für uns eintritt. Christus betet ständig für uns, und unsere Fürsprache soll sich mit der seinen verbinden.

Paulus erzählt dann, wie er mehrfach versucht hat, nach Rom zu ihnen zu kommen, aber dass es nicht möglich war. Er fühlt sich allen verpflichtet: „Deshalb bin ich, so viel an mir liegt, bereit, auch euch in Rom das Evangelium zu verkünden." Erneut nicht „der Kirche" von Rom, sondern „*euch* in Rom", vielleicht weil es in Rom noch keine voll ausgebildete Kirche gibt, sondern nur kleine, voneinander getrennte Gruppen.

Von hier ab geht es in die „Wolke" hinein: „Denn ich schäme mich des Evangeliums nicht". Von diesen Versen ab vernehmen wir Grollen, Donner, Blitze und Hagel. Man spürt die ganze Gefühlsbewegung des Paulus.

Ich möchte abschließend noch einige Punkte erwähnen, die ich noch nicht unterstrichen habe.

Der erste ist dieser: *Paulus definiert sich vor allem in seiner Beziehung zu Jesus.* Er erwähnt mit keinem Wort seine eigene Familie oder seine familiäre Herkunft. Er nennt sich Diener Jesu Christi; er spürt, dass darin die stärkste Bestimmung seines Lebens liegt. Sind wir in der Lage, uns so zu beschreiben? Oder beschreiben wir uns als Italiener, als Glieder einer bestimmten Familie, obwohl die tiefste Bestimmung, jene, die die ganze Ewigkeit andauern wird, doch darin besteht, mit Jesus verbunden zu sein?! Paulus hat noch stärkere Formulierungen, so wenn er beispielsweise sagt:

> „Ich bin mit Christus gekreuzigt worden. Nicht mehr ich lebe, sondern Christus lebt in mir" (Gal 2,19f).

Ich würde nicht wagen, einen so starken Satz auszusprechen, doch auch ich möchte an diesem Ziel festhalten.

Paulus sagt dann weiter:

> „Was ich nun im Fleische lebe, lebe ich im Glauben an den Sohn Gottes, der mich geliebt und sich für mich hingegeben hat" (Gal 2,20).

Nichts und niemand auf der Welt ist uns so tief verbunden wie Jesus. Sicher gibt es andere Menschen, die uns sehr nahestehen: die Eltern, die Brüder, die Schwestern. Doch Jesus hat erklärt: Wer diese Menschen mehr liebt als ihn, ist seiner nicht wert. Es gibt also eine geheimnisvolle Intimität, die zutiefst die Persönlichkeit bestimmt. Dies ist Geschenk und Gnade; wir müssen inständig darum bitten, dass wir uns in Beziehung zu Jesus definieren.

Paulus hat in seinen Gebeten immer darum gebeten, dass sich ihm nach dem Willen Gottes ein Weg auftue, sich nach Rom zu begeben. Er hat dies von Gott erbeten, und in diesem Sinne bleibt er *seinem* Willen unterworfen: Er bittet, dass der Herr ihn führen möge.

Von Zeit zu Zeit sollten wir eine kleine Gewissenserforschung über die Dankbarkeit anstellen: Was ist mein tiefstes Gefühl: Dankbarkeit und das Ja zu den geheimnisvollen Pläne der Vorsehung? Oder eher Bitterkeit und Unzufriedenheit? Es gibt Menschen, die so verbittert sind, dass alles an ihnen davon zeugt, dass sie keinen Frieden in sich tragen. In diesem Zusammenhang eine Begebenheit, die ich schon einmal erzählt habe: Eines Tages wurde ich vom Generalvikar gebeten, eine Messe bei einem alten Priester zu feiern, der auch nach dem Tod von Kardinal Giovanni Colombo, meinem Vorgänger, in ständiger Spannung lebte. Kardinal Colombo hatte ihn und einen anderen Priester als Pfarrer abgesetzt; der andere war fortgegangen, er hingegen hatte sich widersetzt und war geblieben. Ich besuchte ihn und brachte ihm einen Kelch als Versöhnungszeichen. Wir feierten die Eucharistie; als wir zum Friedensgruß kamen, sagte ich ihm: „Der Friede sei mit dir!" Er antwortete: „In der Gerechtigkeit." – Unverkennbar litt er immer noch an dieser Verletzung in der Vergangenheit … Halten wir dem Herrn unsere Verletzungen hin, damit er sie wahrnehme und heile, und vertrauen wir alles Maria an.

Eine andere Seite der Hingabe, die ich unterstreichen möchte, ist das *Hören auf die Stimme des Geistes*. Für jeden von uns heißt es, bereit zu sein, die Anregungen des Heiligen Geistes aufzunehmen. Wir sind selig zu preisen, wenn wir „arm im Geiste" werden, das heißt wenn wir so auf Gott vertrauen, dass wir stets seinen Willen annehmen: den Traum, den er für uns hatte und den er nicht ohne unsere volle Mitwirkung mit dem Wehen des Geistes verwirklichen kann. Gott möchte, dass wir uns im Gebet und in der Reflexion fortwährend bemühen, unsere kühnen und so zerbrechlichen menschlichen Sicherheiten zu überprüfen. Es geht darum, das umzusetzen, worum wir täglich beten: „Dein Wille geschehe", und den geheimnisvollen Plan einer kosmischen Vorsehung anzunehmen, der sich unserem menschlichen Verstehen entzieht und der uns doch immer inspiriert.

Paulus spricht viel von sich in seinen Briefen, ein wenig wie leicht neurotische Menschen, die langatmig von sich reden, ohne es recht zu merken. Indem ich mich auf diesen Fehler des Paulus – wenn es denn einer ist – einlasse, lasse ich mich selbst von diesem liebenswürdigen Zug erfassen und erzähle euch etwas detaillierter, wie ich nach Vollendung des 75. Lebensjahres den Entschluss fasste, nach Jerusalem zu gehen.

Paulus sagt in der Apostelgeschichte:

> „Und siehe, nun ziehe ich, gebunden durch den Geist, nach Jerusalem und ich weiß nicht, was dort mit mir geschehen wird" (Apg 20,22).

Auch ich habe diese Spannung erlebt. Ich hatte keine logischen Gründe, um nach Jerusalem zu gehen, doch ich spürte, dass der Geist mich dorthin zog. Diese Worte gefallen mir sehr, da sie an jene erinnern, mit denen der Verfasser des Hebräerbriefs Abraham definiert. Abraham brach auf, von Gott gerufen, ohne zu wissen, wo es hinging. Oft brechen auch wir auf, ohne zu wissen, wohin wir gehen. Ich konnte für mich erwarten, in Jerusalem für den Herrn zu sterben, mein Leben für das Evangelium hinzugeben. Das ist jedoch nicht erfolgt, und so bin ich nach sechs Jahren, gezwungen durch die Krankheit und die Notwendigkeit von Behandlungen, zurückgekehrt. Ich blieb aber immer überzeugt, dass dieser Aufenthalt in Jerusalem der Wille Gottes, der Wille des Geistes war, um die zentrale Rolle Jerusalems und ihre Bedeutung für die ganze Kirchengeschichte zu verkünden. So bin ich froh über diese Gnade, auch wenn ich in Zukunft wohl nicht mehr zurückkehren kann. Ich spüre, dass in Jerusalem die Geschicke der Menschheit im Spiel sind und lade alle von euch, die noch nicht dort gewesen sind, ein, einmal nach Jerusalem zu gehen. Paul VI. sagte: „Ich wünschte, dass jeder Christ wenigstens einmal in seinem Leben nach Jerusalem ginge“; jeder Christ, um wie viel mehr die Priester und die Ordensleute. Paulus fügt dann noch hinzu:

> „Aber ich will mit keinem Wort mein Leben wichtig nehmen, wenn ich nur meinen Lauf vollende und den Dienst erfülle, der mir von Jesus, dem Herrn, übertragen wurde: das Evangelium von der Gnade Gottes zu bezeugen“ (Apg 20,24).

Das ist es, was mir der Herr ins Herz legt und was ich immer und überall in jeder Situation in dieser Welt tun möchte. Wenn ich diese Seite der Apostelgeschichte lese, fühle ich mich zutiefst bewegt und angerührt, und ich wünsche mir, dass jeder von euch sie als seine eigene Autobiografie lesen kann, dass er sie sich innerlich aneignet und sich den Aussagen des Paulus annähern kann, die für mich zu hoch sind. Niemand von uns ist ohne Schuld gegenüber denen, die „verloren gehen". Doch wir wissen, dass die Barmherzigkeit des Herrn groß ist, und so müssen wir ihnen mit allen unseren Kräften helfen. Unsere Kirche ist heute etwas zaghaft bei der Unterstützung für Menschen, die sich entfernen; sie ist präzise im Ziehen von Grenzen, aber nicht so mutig, wenn es darum geht, denjenigen zur Hand zu gehen, die sich außerhalb der Grenzen befinden. Wir müssen hingegen unablässig das Reich Gottes und die Botschaft der Gnade Gottes verkünden, das heißt die Botschaft seiner Barmherzigkeit gegenüber allen, die zu ihm zurückkehren. Das Herz Gottes ist unermesslich, und „wenn unser Herz uns verurteilt, ist Gott größer als unser Herz und weiß alles" (1 Joh 3,20).

Wirklich barmherzig sind wir, wenn wir lernen, mit den Leidenden zu leiden, uns mit denen zu freuen, die sich freuen, und auch in den ungünstigsten Umständen die Ethik des Nicht-Schadens zu üben, die Ethik, in der wir niemanden aufgrund unseres Urteils leiden lassen wollen.

FRAGEN AN UNS

Bringe ich meiner Umwelt die Botschaft von der Barmherzigkeit Gottes?
Wird Jesus auch um meinetwillen geliebt?
Oder gibt es Menschen, die auf Distanz gehen, die nicht verstehen, weil es ihnen nicht gelingt, das Antlitz des barmherzigen Christus zu erkennen?

Sicher, Jesus war klar und entschieden, doch hatten immer in ihm die Barmherzigkeit und die Aufnahmebereitschaft den Vorrang. So bitten wir, unsere Kirche möge wachsen in der Erkenntnis der großen Gaben der Barmherzigkeit, die ihr anvertraut sind.

Der Zorn Gottes

Die Frage von Gut und Böse im Römerbrief

„Wir bitten dich, Herr, dass wir unsere Augen nicht vor all dem Bösen in der Welt verschließen, sondern es so anschauen, wie Jesus es angeschaut hat, wie du es anschaust, sodass wir es nicht optimistisch herunterspielen, sondern uns ihm stellen. Denn es wäre weltfremd, das Böse in der Welt zu übersehen."

Wir überschreiben diese Meditation mit: *Der Zorn Gottes*. So schicken wir uns an, in die dunkle Wolke einzutreten, eine Wolke, die sich voller Stürme ankündigt, voller Wind, voller Hagel, Donner, Blitze, so wie sie in einigen biblischen Texten des Psalmenbuches beschrieben werden. Da heißt es zum Beispiel:

„Die Stimme des Herrn über den Wassern:
Der Gott der Ehre hat gedonnert,
der Herr über gewaltigen Wassern.
Die Stimme des Herrn voller Kraft,
die Stimme des Herrn voll Majestät.
Die Stimme des Herrn bricht Zedern,
der Herr hat zerbrochen die Zedern des Libanon."
(Ps 29,3-5)

Recht dramatisch ist auch der Psalm 18:

„Da wankte und schwankte die Erde,
die Grundfesten der Berge erbebten.
Sie wankten, denn sein Zorn war entbrannt.
Rauch stieg aus seiner Nase auf,
aus seinem Mund kam verzehrendes Feuer,
glühende Kohlen sprühten vor ihm aus.
Er neigte die Himmel und fuhr herab,
zu seinen Füßen dunkle Wolken …
Da ließ der Herr den Donner am Himmel erdröhnen,
der Höchste ließ seine Stimme erschallen,
Hagel und feurige Kohlen."
(Ps 18,8-10.14)

Etwas Ähnliches haben wir zu erwarten, wenn wir in diese Wolke des Zornes Gottes eintreten, von der Paulus im zweiten Kapitel des Römerbriefs spricht, ja schon im ersten Kapitel ab Vers 18 bis zum Ende des zweiten Kapitels. Wir werden versuchen, die Struktur und den Inhalt dieser Verse zu erfassen.

Zunächst eine kurze Vorbemerkung zu dem großen Thema „Gut und Böse in der Welt". Wie oft standen wir vor der Frage: Gibt es auf der Welt mehr Schlechtes oder mehr Gutes? Was soll man sagen? Manch einer schwört, die Welt sei böse und vom Bösen regiert, und zum Beweis führt er alle möglichen schlechten Erfahrungen an. Andere haben eine andere Sicht: Das Schlechte lasse sich nicht leugnen, doch es gebe auch so viel Gutes.

Es ist nicht leicht, darauf eine befriedigende Antwort zu geben, zumal ich überzeugt bin, dass einer, der zuvor gute, positive Erfahrungen gemacht hat, die Welt grundsätzlich positiver wahrnimmt. Wer hingegen von negativen Erfahrungen niedergedrückt, gedemütigt und demoralisiert worden ist, der ist zwangsläufig geneigt, überall das Böse am Werk zu sehen.

Gott allein kennt den Lauf der Welt.

Paulus stellt im ersten Kapitel des Römerbriefes fest, dass es auf der Welt große Übel gibt.

Wir können den Schluss des ersten Kapitels in drei Teile einteilen:

– Der erste Teil erstreckt sich von Vers 18 bis Vers 23 und handelt von den Heiden, die Götzen verehren und Gegenstand des Zornes Gottes werden.

– Der zweite Teil reicht von Vers 24 bis Vers 28 und

handelt davon, dass Gott preisgebe, die ein Leben in Unzucht verbringen, wobei Paulus dies als Beispiel anführt, um zu sagen, dass die Welt schlecht ist.

– Der dritte Teil (1,29-32) ist eine Art Schlussfolgerung, die alles zusammenfasst, in der sich etwa 20 negative Begriffe finden, sowohl Substantive als auch Adjektive. Es ist die längste Lasterliste im Neuen Testament:

> „Sie sind voll Ungerechtigkeit, Schlechtigkeit, Habgier und Bosheit, voll Neid, Mord, Streit, List und Tücke, sie verleumden und treiben üble Nachrede, sie hassen Gott, sind überheblich, hochmütig und prahlerisch, erfinderisch im Bösen und ungehorsam gegen die Eltern, sie sind unverständig und haltlos, ohne Liebe und Erbarmen“ (Röm 1,29-31).

Das ist ein negatives Urteil über die zeitgenössische heidnische Gesellschaft, das dann unverzüglich auch auf die Juden angewendet wird. So schließt Paulus: *Niemand* hat in sich die Kraft, sich zu retten!

Was aber bedeutet dieses negative Urteil konkret? Wie ich mehrfach sagte, hängt unsere eigene Sicht stark von unserem Empfinden ab: Wenn wir zuvor gute Erfahrungen gehabt haben, dann sind wir geneigt, auf die gute Absicht der Menschen zu vertrauen. Wenn wir jedoch negative Erfahrungen gemacht haben, tendieren wir zu dem Schluss, dass die Menschen allesamt böse, grausam oder verlogen seien …

DREI ARTEN VON SÜNDEN

Wie können wir uns ein ausgewogeneres, objektiveres Urteil über das Böse in der Welt bilden? Hilfreich scheint mir die Unterscheidung von *drei Arten von Sünden*. Da sind zunächst vor allem die *sozialen Sünden,* von denen man vor etwa zwanzig Jahren viel sprach; da sind diejenigen, die ich die *kollektiven Sünden* nennen würde, und schließlich die *persönlichen Sünden*. Letztere sind oft die einzigen, die wir im Blick haben, während doch ein großer Teil der Sünden in der Welt soziale und kollektive Sünden sind.

Soziale Sünden

Was verstehe ich unter *sozialen Sünden*? Ich meine jene Sünden – vor allem im Bereich der wirtschaftlichen, kulturellen und sozialen Verwerfungen –, von denen man nicht behaupten kann, man begehe sie nicht; de facto sei man ja Teil eines „ungerechten Systems". Ein sehr einfaches, fast kindliches Beispiel ist jenes, das Karl Rahner anführt: Ich kaufe eine Banane und zahle wenig dafür, doch weiß ich, dass diejenigen, die sie gepflückt haben, schlecht bezahlt wurden ... usw.

Dieses System entzieht sich dem Einzelnen, und es ist nicht leicht, ihm zu entgehen. Es ist eine Form von Ungerechtigkeit der Welt, die man zu beheben versuchen kann – womöglich mit der Folge anderer Ungerechtigkeiten, die genauso sichtbar und gravierend sein können. In einigen Ländern gibt es keine Alternativen: Entweder man zieht sich aus dem sozialen Leben zurück oder man nimmt es hin, mit dem System zu leben und sich irgendwie auch mit ihm zu kompromittieren. Das ist ein schwerwiegendes Übel unserer Welt.

Kollektive Sünden

Ich möchte jetzt ein wenig mehr die *kollektiven Sünden* herausstellen, das heißt jene, die niemand willentlich begehen muss, zu denen man aber in seiner Rede- und Lebensweise durch die Mode, den allgemeinen Trend und die augenblickliche Mentalität geführt wird. So begeht man sie eben doch äußerst leicht.

Wie lassen sich diese kollektiven Sünden ausmachen, wie kann man sie identifizieren? Mir hat da geholfen, zu unterscheiden zwischen den *idola fori,* den *idola tribus,* den *idola specus* und den *idola theatri.*

Die *idola fori*: Sie sind das, was allgemein „in" ist, was „die Leute", das Fernsehen und die Massenmedien sagen. Viele verhalten sich in einer bestimmten Weise, weil „man es sagt" oder „man es so macht". Von diesen verfehlten oder negativen Verhaltensweisen gibt es viele. *Idola fori* sind sehr mächtig, da sie ganze Kulturen prägen und verändern. Man macht es so, weil es die anderen so machen. Weil man nicht anders als die anderen sein will, um im sozialen Umfeld akzeptiert zu sein.

Dann gibt es die ziemlich subtilen *idola tribus*. *Idola tribus* sind jene familiären oder kulturellen Traditionen die uns nötigen, die Konventionen und Gewohnheiten des „Stammes“ (*tribus*) zu respektieren und uns so zu verhalten, wie es in unserem traditionellen Gefüge üblich ist. Ich erinnere mich an ein Gespräch mit einem Priester: Als ich ihm eine Versetzung vorschlug, die ihn gegenüber der bisherigen Stellung etwas herabgestuft hätte, erklärte er mir energisch: „Mein Vater hat mir gesagt, ich solle im Leben niemals zurückgehen!“ Das ist kein evangeliumsgemäßes Prinzip, wohl aber so etwas wie eine stammesmäßig ererbte Vorgabe. Es gibt viele solcher „Stammesvorschriften“. Sie sind zum Beispiel oft der Grund für das Misstrauen zwischen ethnischen Gruppen und für Auseinandersetzungen zwischen verschiedenen kulturellen Gruppen. Solchen „Vorschriften“ unterwerfen wir uns leicht. Wir merken es oft nicht einmal, wenn wir uns von diesen zahlreichen *idola tribus* beeinflussen lassen. In manchen Bevölkerungsgruppen gibt es schreckliche, brutalste Formen solcher *idola tribus*. So gibt es Regionen, in denen der Bruder der Mutter unter bestimmten Umständen ein neugeborenes Mädchen, von dem man meint, es dürfe nicht leben, zu töten hat ... – ein ungeschriebenes *idolum tribus* von erschreckender Macht. *Idola tribus* spielen wie gesagt oft in die Gegensätze zwischen den Völkern und zwischen kulturellen Gruppen hinein.

Sodann gibt es die *idola theatri:* eine Gefährdung für alle, die auf einer „Bühne" stehen. Hier greife ich auch auf meine Erfahrung zurück. Mir ist aufgefallen, dass mir vor einer bestimmten Zuhörerschaft die Worte auch vom Publikum diktiert werden. Es ist eine Sache, unter Freunden zu sprechen, und eine andere, zu 80.000 Menschen zu sprechen, wo dich die Zuhörerschaft zwingt, die Begriffe in einer bestimmten Weise zu prägen oder besonders auf die Rhetorik zu achten. Politiker sind oft Sklaven der *idola theatri.* Es kommt zu Lügen, weil sie meinen, die Leute wollten dies und jenes hören. Diese *idola theatri* sind wirklich mächtig, auch Priester verfallen in der Sonntagspredigt nicht selten den *idola theatri:* Sie wissen, dass man von bestimmten Dingen nicht reden kann, und dass es bei anderen gut ist, sie möglichst „soft" anzusprechen.

Schließlich gibt es die *idola specus,* das heißt eben jene „Höhlen" oder „Keller" in uns, die niemand von uns kennt, es sei denn, er wäre Psychoanalytiker. Wer den *idola specus* verfallen ist, ist sich dessen nicht bewusst, da diese Verfallenheit neurotische Züge trägt.

Solche neurotischen Tendenzen sind ziemlich verbreitet. Ich denke an die „Neurosen“ der Besitzstandwahrung bestimmter Pfarrer, die nach einer Reihe von Dienstjahren ihre Pfarreien nicht aufgeben wollen, oder an Bischöfe, die nach Erreichen des vollendeten 75. Lebensjahres sagen: „Aber ich bin noch jung, ich stehe früh auf, ich denke an meine Herde, ich arbeite viel!“ Sie sind nicht mehr in der Lage, vernünftig zu urteilen und sich von dem, was sie tun, mit einem gesunden Geist „monastischer Distanzierung“ zu verabschieden.

Persönliche Sünden

Neben den sozialen und kollektiven Sünden gibt es schließlich die *persönlichen Sünden*. Sie sind vor allem Gegenstand unserer Beichte. Im Neuen Testament finden sich viele Listen persönlicher Sünden. Jene, die wir im *Römerbrief* im ersten Kapitel finden, umfasst 21 negative Grundhaltungen (wir haben sie oben zitiert). Ich greife hier auf die Liste des *Markus* zurück, die konkreter ist und sich auf zwölf Sünden beschränkt. Mir scheint, dass es Paulus mehr auf die speziell betroffenen Menschengruppen ankommt, während Markus mehr die faktischen Handlungen herausstellt. Da heißt es:

> „Denn von innen, aus dem Herzen des Menschen kommen die bösen Gedanken, Unzucht, Diebstahl, Mord, Ehebruch, Habgier, Bosheit, Hinterlist, Ausschweifung, Neid, Lästerung, Hochmut und Unvernunft. All dieses Böse kommt von innen und macht den Menschen unrein" (Mk 7,21f).

Hier gibt es eine ganz große Neuigkeit: Die Sittlichkeit kommt „von innen"! Sie kommt nicht von der Berührung, vom Sehen, vom Handeln, sondern vom Herzen. Und, im Griechischen wird dies noch deutlicher, es ist interessant festzustellen, dass nicht so sehr die Handlungen, als vielmehr die Absichten von innen kommen und sich dann in Handlungen niederschlagen: „Unzucht, Diebstahl, Mord, Ehebruch, Habgier, Bosheit, Hinterlist, Ausschweifungen, Neid, Lästerung, Hochmut und Unvernunft". Im Römerbrief werden andere genannt; ich lade dazu ein, diese Listen kurz zu betrachten.

Zwei Warnungen möchte ich aussprechen:

Erste Warnung. Denken wir nicht: „Diese Liste geht mich nichts an, denn sie führt enorme Sünden auf, die ich nie begangen habe." Tatsächlich finden sich tief in uns die Wurzeln dieser sündhaften Abweichungen. Wenn wir wirklich die *idola specus* bedenken würden, wenn wir uns in die Tiefen unseres Inneren versetzen würden, dorthin, wo unsere aggressivsten und wildesten Instinkte lauern, dann würden wir uns klar werden, dass diese wie brüllende Löwen zu jeder Zeit losbrechen könnten, und wir sähen, wie leicht es ist, diesen Versuchungen zum Opfer zu fallen und den Kopf zu verlieren, ohne die Selbstbeherrschung zu behalten. Sagen wir nicht, sie gingen uns nichts an! Das Buch Genesis warnt:

> „Wenn du nicht gut handelst, lauert an der Tür die Sünde. Sie hat Verlangen nach dir, doch du sollst über sie herrschen" (Gen 4,7).

In der Bibel geht man immer vom Herzen aus, das heißt vom Inneren, denn von dort gehen alle Ungerechtigkeiten aus, die Bosheiten, die Gewalttaten, aber auch die Entscheidungen für das Gute, für eine wirkliche Umkehr. Wenn sich etwas in uns verändert, wird man die Veränderung auch um uns herum sehen – und die Welt wird „ein Garten" werden.

Zweite Warnung: Erinnern wir uns daran, dass alle diese Sünden im Laufe der Geschichte nicht nur von „der Welt", sondern auch von der Kirche begangen worden sind. Sie sind begangen worden von Laien, von Priestern, von Schwestern, von Ordensleuten, von Bischöfen, von Kardinälen, von Päpsten. Wenn wir die Geschichte der Kirche betrachten, dann sehen wir, dass für jede dieser Sünden wohlklingende Namen genannt werden können. Das heißt: Die Sündhaftigkeit ist groß, und ebenso das Übel in der Welt.

Bei näherer Betrachtung finden wir in diesen Listen einige Sünden, die gerade uns als Kleriker angehen. Die Liste beginnt mit „äußeren" Sünden: Unzucht, Diebstahl, Mord. Diese betreffen uns weniger, aber manchmal betreffen sie auch uns. Die Liste geht weiter: Ehebruch, Habgier und Bosheit.

Wie viel *Habgier* steckt in uns, wie viel heimliches Verlangen danach zu sehen, zu wissen! Und dies befleckt das Herz.

Und dann gibt es die *Täuschung*: Man spielt eine Frömmigkeit vor, die gar nicht vorhanden ist, und tut, als wäre man perfekt. Doch das ist nur Fassade.

Neben der Täuschung gibt es die *Schamlosigkeit*: Wie viele Gelegenheiten bieten Zeitungen, Fernsehen, Internet ... – wenn einer sich darauf einlässt.

Der *Neid* gilt als das klassische klerikale Laster schlechthin. Er zeigt sich schon in Gedanken wie diesem: „Warum ist dem da der Tisch am Fenster gegeben worden und nicht mir?" Durch die ganze Geschichte zieht sich der Neid; immer hat ein anderer bekommen, „was mir zustand". Man sieht Leute vom Neid geplagt auch bei guten Dingen. Da gibt es Priester, die sagen: „Aber was habe ich Böses getan, dass der oder der zum Bischof ernannt wird und nicht ich?

Ich hätte doch auch die notwendigen Gaben, die Fähigkeit dazu." Und es wurmt sie über Jahre; manch einer stürzt in absurde Depressionen.

Schließlich die *Verleumdung*. Glücklich die Diözesen, in denen keine anonymen Briefe umlaufen. Sie sind eine Quelle von Verleumdungen. Ich habe sie nie gelesen, vielmehr meinen Sekretären den Auftrag gegeben, Briefe ohne Unterschrift unverzüglich zu zerreißen. So habe ich sie so gut wie nie zu Gesicht bekommen. Aber es gibt Diözesen, die von anonymen Briefen ruiniert worden sind. Die Sache mit der Verleumdung ist sicher ein gravierendes Übel.

Die letzte Sünde ist der *Stolz*. „Du Narr! Noch in dieser Nacht wird man dein Leben von dir zurückfordern", sagt Jesus (Lk 12,20). Töricht ist, wer lebt, als gäbe es Gott nicht. „Der Tor denkt: ‚Es gibt keinen Gott'" (Ps 13,1), er mag alle Riten und religiösen Gebräuche beachten, aber es fehlt ihm der Sinn für Gott, er hat sich vom Herzen Christi nicht anrühren lassen, er steht in seinem Leben und bei seinem Gebet nicht in authentischer Beziehung zu Jesus.

… UND DOCH IST GOTT AM WERK

Es verwundert nicht, dass die Leute sagen, die Welt sei voller Sünden. Ja, es ist wahr, es sind wirklich viele, sehr viele. Auf der anderen Seite müssen wir auch verstehen – wie mir ein anerkannter deutscher Arzt während einer Synode sagte –, dass heute viele Menschen etwa bezüglich der Sexualität in einer abgrundtiefen Ignoranz leben, wenigstens bezüglich einiger ihrer Aspekte. Auch wenn bestimmte Verhaltensweisen der jungen Leute vielleicht nicht zu billigen sind, so sind sie auch nicht einfachhin zu verurteilen. Die jungen Leute verstehen die Sprache der Erwachsenen nicht – und noch weniger den kirchliche Sprache. Sie verstehen weder die Worte noch die Konzepte.

Der Horizont, in den wir hineingestellt sind, mag düster und dramatisch erscheinen, doch sollten wir nicht denken, dass die Vorsehung Gottes nicht geheimnisvoll am Werk ist. So können wir beten:

„Herr, wir sind in das Böse verstrickt
und bitten um deine Barmherzigkeit.
Herr, du allein kennst das Böse in dieser Welt.
Hab Erbarmen mit uns."

Manchmal frage ich mich: Warum gibt es denn so viel Übel in der Welt? … Warum so viel Hass? … Warum so viele Kriege, so viele Grausamkeiten, so viel Ausbeutung? … Warum die Schrecken der Folter und der Versklavung? Ich habe darauf keine Antwort. Der Herr weiß es und findet seine Wege.

Paulus sieht das göttliche Heilmittel für das Übel der Welt in Jesus, der das Böse selbst gut kennt. Bitten wir Gott jeden Tag im Gebet, dass er uns das Geheimnis verstehen lasse, dass er uns eine Ahnung vom Geheimnis des Bösen gebe, damit wir mit Abscheu vor ihm fliehen können.

Die Rettung vom Bösen

Das Thema der Gnade im Römerbrief

„Herr, wir bitten dich: Stehe uns mit deiner Gnade bei; denn nur deine Gnade kann uns die Kraft verleihen, in der Freiheit unsere Berufung zu leben.“

In dieser Meditation möchte ich noch einmal das erste Kapitel des Römerbriefes reflektieren, also noch einmal den Zorn Gottes. Dann möchte ich einige Abschnitte überspringen und zum dritten und zum fünften Kapitel übergehen, das die Überschrift *Die Rettung vom Bösen* tragen könnte. Doch denken wir zunächst noch über den Abschnitt nach, den wir gelesen haben, denn dort beeindruckt mich ein dreimal wiederholtes Wort (in Vers 24 des ersten Kapitels, dann in Vers 26 und schließlich in Vers 28): „Gott lieferte sie aus …“ Er überlieferte sie der Unreinheit, er überlieferte sie den ruchlosen Leidenschaften, er überlieferte sie den Folgen einer verdorbenen Einsicht. Das bedeutet, dass Gott nicht bestraft durch unmittelbare Strafen, wie Dante es im Inferno darstellen möchte, sondern „ausliefert". Der ausgelieferte Mensch ist der schlimmsten Übel fähig, er verliert das Licht des Verstandes, verliert den Sinn für die sittlichen Werte. Das ist die Geschichte der Welt, die Geschichte der Sünde.

Ich habe junge Leute einer kirchlichen Bewegung kennen- und schätzen gelernt, die ganz bewusst Altersgenossen auf der Straße, in Bars und Diskotheken aufsuchen und sie ganz einfach und zugleich sehr mutig ansprechen. Sie möchten ihnen die Frohe Botschaft vermitteln, ihnen helfen, aus „der Hölle in ihrem Herzen" herauszukommen und sich einmal zu fragen, *warum* sie sich in den Abgrund der Droge, der Frustration, der Langeweile und der Apathie haben stürzen lassen. Als ich einen dieser jungen Christen fragte: „Ja, wenn du auf einen anderen Jungen zugehst, weißt du dann, was du ihm sagen willst?" „Nein, ich sage ihm: ‚Ich bin Giorgio, ciao! Und wer bist du?'" – So beginnt das Gespräch, im Wissen, dass es Leiden schafft, wenn man „ausgeliefert", wie „preisgegeben" von Gott ist.

Paulus formuliert dieses Gefühl des Unwohlseins und des Unglücks, das ein Anknüpfungspunkt für die Begegnung ist, wie folgt:

> „Not und Bedrängnis wird das Leben eines jeden Menschen treffen, der das Böse tut, zuerst den Juden, aber ebenso den Griechen“ (Röm 2,9).

Diese jungen Christen versuchen ihren Altersgenossen in ihrer Verfinsterung und Einsamkeit entgegenzukommen: „Ich weiß, es geht dir schlecht, vielleicht kann ich dir helfen.“ Dann bieten sie ihnen mögliche Hilfen an, seien es therapeutische Gruppen oder auch einfach ihre Freundschaft und Unterstützung, um aus der entwürdigenden Lage herauszukommen, durch die sie regelrecht „gestraft“ sind: wie „preisgegeben“, ausgeliefert ...

Die zweite Überlegung, die ich in unserem Zusammenhang anstellen möchte, geht von einem Abschnitt der Geistlichen Übungen des heiligen Ignatius aus, in dem es heißt:

> „Ich erbitte auf die Fürsprache Mariens drei Gnaden: erstens, dass ich meine innere Durchdrungenheit von meiner Sünde und einen Abscheu davor in mir spüre. Zweitens, dass ich die Unordnung meiner Handlungen fühle, damit ich dieselbe verabscheuend mich bessere und mich ordne. Drittens, dass ich um Erkenntnis der Welt bitte, damit ich mit Abscheu die weltlichen und eitlen Dinge von mir entferne“ (EB 63).

Ignatius setzt also voraus, dass es nicht nur die formale Sünde zu bekennen gilt, sondern dass es auch eine Unordnung im Leben gibt. Ich lade euch ein, euch bezüglich dieser Unordnung zu prüfen. Es geht dabei nicht um eine eigentliche Sünde, sondern um eine Art Verwirrung im Leben. Mir scheint, dass sich diese Unordnung auf drei Bereiche bezieht: Unordnung im *Tageslauf*, Unordnung in den übernommenen *Verpflichtungen*, Unordnung in den *Interessen*.

Unordnung im Tageslauf

Wie jeder Prediger würde auch ich sagen: „Selig der Exerzitand, der die geistlichen Übungen mit nur einem einzigen Vorsatz beendet: immer zur gleichen Stunde zu Bett zu gehen."

Es gilt, eine gewisse Ordnung zu finden: wann ich zu Bett gehe, wann ich aufstehe, wann ich das Stundengebet verrichte, wann ich meditiere, wann ich die geistliche Lesung halte.

Denn wenn mir das nicht gelingt, dann wird das ganze Leben von Dringlichkeitsfällen, vom Telefon, vom Internet, von den Anrufen anderer bestimmt. Und irgendwie wird das Leben leer.

Die Ordnung hingegen erlaubt es, Augenblicke des Kraftschöpfens zu finden. Zu der Ordnung zähle ich auch etwas ganz Wichtiges, das ich als Bischof stets praktiziert habe: einen halben freien Tag in der Woche, an dem wir die Pfarrei, den Ort unseres Engagements verlassen, um Einsamkeit zu finden und beten zu können. Aufatmen. Alle täglichen Beschäftigungen hinter sich lassen. Ich bin allein auf Bergwegen gewandert; da atmet man durch und kommt mit dem einen oder anderen klareren Gedanken zurück. Eine kleine Bergstraße ... Gott wendet sich uns zu; er ist dabei, wenn wir langsam den Rosenkranz beten. Das Vaterunser am Ende der Dekade ist wie ein Biwak: ein Ruhepunkt, um sich zu erholen und neuen Atem zu schöpfen, bevor man weiter aufsteigt.

Wir brauchen solche „Biwaks“ auf dem Lebensweg! Eine Ordnung, die ihnen Raum gibt, ist sehr wichtig. Ich kann diejenigen Priester nicht loben, die mir sagen: „Ich habe in 70 Jahren nie einen Urlaubstag genommen!“ Das haben sie nicht gut gemacht, denn gelegentlich braucht es einen Tag des Abstands und der Erholung; es braucht die Tage, in denen wir uns dem Schweigen, der Sammlung, dem Gebet, der Lektüre widmen. Jesus selbst hat seine Jünger dazu eingeladen: „Kommt mit an einen einsamen Ort, wo wir allein sind, und ruht ein wenig aus“ (Mk 6,31). Einsamkeit und Schweigen sind wesentliche Elemente bei der Bildung eines tiefen – oder einfacher: – eines menschlichen Geistes. Der Mensch unserer Zeit lebt oft in zwei parallelen Welten: einer äußeren Welt, in der er seiner selbst sicher, entspannt, beruflich seriös und kommunikativ und reich an Hobbys erscheint – und einer inneren Welt voller Unsicherheiten, Ängste, Besorgnisse und Zweifel, gekennzeichnet von der Unfähigkeit, Auswege zu finden.

Denen, die sich damit nicht abfinden und erneut eine Einheit zwischen der inneren und der äußeren Welt finden wollen, empfehle ich eine wirksame Methode: innerlich und äußerlich zum Schweigen zu kommen, um mit der Heiligen Schrift auf Du und Du zu gelangen, die die „ganze" Person anspricht und wohltuende Wirkungen zeitigt.

Ich habe erfahren, dass das Wort – auch nur in einer kurzen Pause – unsere gute Laune und unsere von der Zerstreuung verbrauchten Energien wiederherstellen kann. Einige wenige Brosamen vom biblischen Wort nähren uns mit Weisheit, erleuchten den Lebensweg und lassen uns ein größeres Gleichgewicht finden.

Das innere Leben wird auch durch kleine, ganz konkrete Schritte gepflegt und unterstützt. Ein Heft, in dem wir täglich unsere Vorsätze, unsere Gemütszustände, die Ereignisse, die Siege und die Niederlagen usw. festhalten, ist ein kostbares Hilfsmittel, um nicht in den Tag hinein zu leben, sondern uns von Gott begleiten zu lassen, indem wir ihm alles, aber auch wirklich alles von unserer kleinen und armseligen Existenz zu Füßen legen.

Unordnung in den übernommenen Verpflichtungen

Ein anderer Aspekt der Ordnung betrifft die übernommenen Verpflichtungen. Fragen wir uns: Habe ich eine Ordnung in meinen Engagements? Oder mache ich einfach alles, um was man mich bittet, gedrängt von einem Telefonanruf oder einem Dringlichkeitsfall? Am Anfang kann man nicht sehr rigoros sein. Doch dann braucht es eine Ordnung, eine Prioritätensetzung; ich muss wissen, was besonders wichtig ist und sich lohnt und was weniger oder nicht.

So „regle“ ich mich, ohne unhöflich zu sein, in der Weise, dass ich an die erste Stelle die Dinge setze, die ich für wirklich wertvoll halte.

Es braucht Ordnung im Tageslauf, Ordnung in den Engagements und schließlich auch Ordnung in den Interessen.

Unordnung in den Interessen

Ein Priester hat notwendigerweise theologische, seelsorgliche, philosophische oder kulturelle Interessen. Die Lektüre von Zeitschriften und Büchern, das

Wahrnehmen von Kursen und Fortbildungen tut gut und ist hilfreich. Und wenn wir nicht wissen, was wir lesen sollen, wenden wir uns an jemanden, der uns beraten kann.

Ordnung in den eigenen Interessen zu haben ist sehr, sehr wichtig, da es zu überleben erlaubt, durchzuhalten, weiterzugehen, ohne die eigenen Ressourcen und Reserven aufzubrauchen, im Gegenteil: Es stärkt sie!

Noch eine letzte Anmerkung; vielleicht braucht ihr selbst sie nicht (doch manchmal ist sie notwendig). Unordnung in den Interessen gibt es auch dergestalt, dass ich nachts vor dem Fernseher sitze oder im Internet surfe und von hier nach dort springe. Allzu leicht bin ich dann nicht mehr Herr meiner selbst. Zu denken, ich könne entschlossen abbrechen, wann ich will, ist eine Illusion. Ich muss *vorher* darüber nachdenken. Sonst fällt man in die Gewohnheit; ein Reiz folgt auf den nächsten, auf eine Neugier eine andere.

Jemand könnte einwenden: Aber ich möchte ein wenig sehen, wovon meine jungen Leute leben; ich möchte die Internetseiten und die sozialen Netzwerke kennen, in denen sie sich bewegen, um sie besser zu verstehen. – Ein an sich lobenswertes Interesse. Aber damit habe ich mich schon im Netz verfangen. Man muss höllisch aufpassen, dass man sich nicht in einen Abgrund von Bildern, von virtuellen Wirklichkeiten und von Provokationen mitreißen lässt, die vernebeln und den wachen Geist nehmen. Die Sache kann sich zu einer unendlichen Geschichte entwickeln. Es gilt, mit solchen Gewohnheiten zu brechen und wirksame Mittel zu haben, um sie unter Kontrolle zu halten. Und solche wirksamen Mittel gibt es.

Unordnung in unserer Sicht der Beichte

Eine letzte Unordnung betrifft die Beichte; auf zwei häufige Irrtümer möchte ich hinweisen.

Erster Irrtum: zu denken, Beichten sei leichter, wenn man es seltener praktiziert. Nein!

Zweiter Irrtum: zu meinen, eine Beichte sei umso wirksamer, je kürzer sie ist. Im Gegenteil ist sie viel leichter, wenn sie ausführlicher und genauer ist; wenn wir uns nicht nur formaler Fehler anklagen, sondern damit anfangen, Gott zu danken, und dann unsere Unordnungen, unsere Eitelkeiten, unsere Zugeständnisse an die Welt, unsere Antipathien, unsere Befürchtungen und unsere Feigheiten auf den Tisch legen und sie von der Gnade reinigen lassen. Das ist eine Beichte, die weiterhilft, da sie nicht von Eile und Oberflächlichkeit bestimmt ist.

* * *

Wir können hier nicht den ganzen Römerbrief durchgehen, doch ich verweise euch auf jene Abschnitte, die meiner Meinung nach für die thematische Entwicklung des Briefes wichtig sind. Wir haben gesagt, dass im ersten Kapitel gezeigt wird, wie die Sünder von Gott preisgegeben werden können. Der Zorn Gottes bedeutet seine Entfernung von uns, eine fortschreitende Preisgabe. Paulus sagt im zweiten Kapitel: Auch die Juden, auch wir Juden (er selbst zählt dazu) befinden uns unter dieser Verurteilung. Ein Jude steht vor Gott nicht besser da als die anderen:

> „Du belehrst also andere Menschen, aber dich selbst belehrst du nicht? Du predigst: Du sollst nicht stehlen! Und du stiehlst? Du sagst: Du sollst die Ehe nicht brechen! Und brichst sie? Du verabscheust die Götzenbilder, begehst aber Tempelraub? Du rühmst dich des Gesetzes, entehrst aber Gott durch Übertreten des Gesetzes?" (Röm 2,21-23).

Paulus betont:

> „Die Beschneidung ist ... nützlich, wenn du das Gesetz befolgst; übertrittst du jedoch das Gesetz, so bist du trotz deiner Beschneidung zum Unbeschnittenen geworden" (Röm 2,25).

Dieses zweite Kapitel ist eine Anklagerede gegen jene Juden, die sich rühmen, den strengsten Gesetzen zu gehorchen, die ihnen aber nichts nützen ohne ein heiliges Leben. Nach dieser Rede könnte man sagen, dass es gerechte Heiden geben kann, die das Heil erlangen, und auf der anderen Seite jüdische Sünder, für die das nicht gilt.

> „Was heißt das nun? Sind wir im Vorteil? Nicht unbedingt. Denn wir haben vorher die Anklage erhoben, dass alle, Juden wie Griechen, unter der Herrschaft der Sünde stehen" (Röm 3,9).

Es folgt dann eine ganze Reihe von Bibelzitaten, die zum Ausdruck bringen soll, dass wir allesamt Sünder sind:

> „Juden wie Griechen stehen unter der Herrschaft der Sünde, wie geschrieben steht:
> *Es gibt keinen, der gerecht ist, auch nicht einen;*
> *es gibt keinen Verständigen, keinen, der Gott sucht.*
> *Alle sind abtrünnig geworden, alle miteinander taugen nichts.*
> *Es gibt keinen, der Gutes tut, auch nicht einen Einzigen.*
> *Ihre Kehle ist ein offenes Grab, mit ihrer Zunge betrügen sie; Schlangengift ist auf ihren Lippen.*
> *Ihr Mund ist voll Fluch und Gehässigkeit.*

> *Schnell sind ihre Füße, Blut zu vergießen; Verderben und Unheil sind auf ihren Wegen und den Weg des Friedens kennen sie nicht.*
> *Die Gottesfurcht steht ihnen nicht vor Augen."*
> (Röm 3,9-18)

Das ist ein negatives, sehr pessimistisches Urteil.

Auf dem Hintergrund dieses negativen Urteils erscheinen die Güte Gottes und die Wahrheit Gottes in ihrem wahren Licht. Nur wenn man bereit ist, das Negative in der menschlichen Erfahrung und im Verlauf der Jahrhunderte nicht zu leugnen, ist man in der Lage, das Werk Gottes zu erfassen und daraufhin das Urteil zu überdenken und in Demut und mit Augenmaß den Sinn der Geschichte neu zu bewerten. Dies kommt im dritten Kapitel zum Ausdruck:

> „Jetzt aber ist unabhängig vom Gesetz die Gerechtigkeit Gottes offenbart worden, bezeugt vom Gesetz und von den Propheten: die Gerechtigkeit Gottes durch Glauben an Jesus Christus, offenbart für alle, die glauben. Denn es gibt keinen Unterschied: Alle haben ja gesündigt und die Herrlichkeit Gottes verloren. Umsonst werden sie gerecht, dank seiner Gnade, durch die Erlösung in Christus Jesus" (Röm 3,21-24).

Die Sicht des Paulus ist deutlich: die Menschheit bewegt sich ohne Jesus Christus auf den Untergang und die zunehmende Übertretung zu. Jesus ist es, der rettet. Jesus ist mit seiner Auferstehung die Kraft, die dem Bösen in der Geschichte Einhalt gebietet und diese aus einem finsteren Loch zum Licht der Wahrheit auftauchen lässt.

Dies ist das Thema, das Paulus in den folgenden Kapiteln entfalten wird. Es ist natürlich, sagt uns Paulus, dass mit diesem Heil, das von Jesus kommt, jeder menschliche Ruhm beseitigt ist. Niemand kann sich rühmen; denn allein Jesus ist es, der uns gerettet hat. Dies galt für die Juden und die Heiden zur Zeit des Paulus, und es gilt für alle Zeiten. Dies war auch eines der „Schlachtrosse" der Reformation: Luther hat sich auf diese Abschnitte gestützt, da er bei den Menschen seiner Zeit das Vertrauen auf die eigenen Werke wahrnahm. Heute hat sich diesbezüglich vieles verändert. Doch die Substanz bleibt; wir können es so beschreiben: Die grundlegende Sünde des Menschen besteht immer im Selbstruhm, in der Überzeugung, sich selbst retten zu können, statt Gott die Ehre zu geben, die ihm zukommt. Es gibt einen Keim des Unglücklichseins, der das verdorbene menschliche Herz zerfrisst, und die Gnade Gottes ist stets am Werk, um eine verlorene Seele zu retten. Gott allein lässt uns mit seiner Gnade durch die Prüfungen, die Demütigungen, die Leiden zu der Klarheit gelangen, die er allein bewirkt. Auch wenn wir stets dahin tendieren zu sagen: „Aber irgendetwas Gutes habe doch auch ich getan!"

Die Klarheit, die vom Glauben kommt, besteht darin, dass Gott mich liebt und dass er es ist, der mich rettet.

Zu diesem Bewusstsein zu gelangen bedeutet Atem, Schwung, Vitalität wiederzufinden; es bedeutet, aus dem Sumpf der Unordnung, der Konkupiszenz, das heißt der Neigung zum Bösen, und der Sünde herauszukommen. Gott liebt mich und rettet mich: Dies ist die Grundeinsicht des Paulus, die vor allem im dritten Kapitel beschrieben wird. Da heißt es:

> „Alle haben gesündigt und die Herrlichkeit Gottes verloren. Umsonst werden sie gerecht dank seiner Gnade, durch die Erlösung in Christus Jesus" (Röm 3,23f).

Dies zeigt uns, dass Jesus für uns alles ist; Jesus ist das Wasserzeichen unserer Existenz.

Nachdem Paulus in Kurzform das grundlegende Thema des Heils angegeben hat, drückt er aus, was daraus folgt, nämlich der Ausschluss jeder Art von Selbstruhm:

> „Wo bleibt da noch das Rühmen? Es ist ausgeschlossen. Durch welches Gesetz? Durch das der Werke? Nein, durch das Gesetz des

> Glaubens. Denn wir sind der Überzeugung, dass der Mensch gerecht wird durch Glauben, unabhängig von Werken des Gesetzes" (Röm 3,27f).

Dieses ist eine Aussage, die jedes menschliche Werk zunichte zu machen scheint und alles auf den zweiten Platz verweist mit Blick auf die Gnade Gottes.

Ich versuche einige Folgerungen zu ziehen: Eitelkeit, Stolz, Überheblichkeit und Selbstvergötzung sind typische Verfehlungen des Menschen; es sind Haltungen, die in jedem von uns stecken, negative Haltungen, von denen oft in der Heiligen Schrift die Rede ist. So wird zum Beispiel der Selbstruhm derer stigmatisiert, die viele Proselyten machen wollen, dies aber aus eitler Ehrsucht tun:

> „Denn obwohl sie beschnitten sind, halten sie selbst das Gesetz nicht; dennoch dringen sie auf eure Beschneidung, damit sie sich eures Fleisches rühmen können" (Gal 6,13).

Stolz und die Sucht nach Anerkennung finden sich oft in Gruppen, die die Reihen der Gläubigen anwachsen lassen und sich darum für etwas Besonderes halten und meinen, mehr Einfluss zu haben. Dieser gravierende Fehler ist auch in der Kirche von heute weit verbreitet.

In der Schrift wird auch der Stolz der Heidenchristen, das heißt der zum Christentum bekehrten Heiden, gegenüber den nicht-christlichen Juden aufs Korn genommen. Alle Fälle werden geprüft und sozusagen ausgelotet:

> „Ist aber die Erstlingsgabe vom Teig heilig, so ist es auch der ganze Teig; und ist die Wurzel heilig, so sind es auch die Zweige. Wenn aber einige Zweige herausgebrochen wurden, du aber als Zweig vom wilden Ölbaum mitten unter ihnen eingepfropft wurdest und damit Anteil erhieltest an der kraftvollen Wurzel des edlen Ölbaums, so rühme dich nicht gegen die anderen Zweige! Wenn du dich aber rühmst, sollst du wissen: Nicht du trägst die Wurzel, sondern die Wurzel trägt dich" (Röm 11,16-18).

So können auch die getauften Nicht-Juden nichts gegen die Juden sagen.

Ein anderes Beispiel ist der falsche Anspruch der Glaubenden. Im 2. Korintherbrief schreibt Paulus:

> „Diesen Schatz tragen wir in zerbrechlichen Gefäßen; so wird deutlich, dass das Übermaß der Kraft von Gott und nicht von uns kommt" (2 Kor 4,7).

Wie weit ist in der Kirche und allgemein unter uns Christen die Eitelkeit verbreitet! Diese Fehlhaltung ist gewissermaßen allumfassend. Wir müssen uns gegen sie wappnen, und der einzige Schutz besteht darin, dass wir vor Gott anerkennen, dass wir gerade *so* sind: dass wir auf Erfolg ausgerichtet sind, dass uns der Beifall mehr gefällt als das Auspfeifen, dass wir lieber Aufnahme als Widerstand finden und dass wir es, wenn wir Zustimmung finden, diese unseren eigenen Fähigkeiten zuschreiben und nicht in der Lage sind, uns einfach darüber zu freuen, dass der Herr dadurch verherrlicht und dafür gepriesen wird. Hier könnte ich das Blickfeld etwas erweitern und hinzufügen, dass die Eitelkeit in der Kirche groß ist. Große Eitelkeit zeigt sich schon in den Gewändern. Vor Zeiten hatten die Kardinäle eine sechs Meter lange Schleppe aus Seide, die von zwei oder vier kleinen Jungen getragen wurde. Die Kirche hat diese Neigung zum Prunk; zum Teil könnte man ihn vielleicht mit dem Argument rechtfertigen, dass er an die Schönheit Gottes erinnere, doch wird er leicht seines Sinnes beraubt und kann zu einer schrecklichen Sünde werden.

Eine weitere schwerwiegende Folge der Selbstvergötzung im Klerus ist die Karrieresucht. Jeder möchte ein wenig besser dastehen, und von daher rührt eine gewisse unbewusste Zensur der Worte. Manche Dinge sagt man nicht, weil man weiß, dass sie vermerkt werden und den Aufstieg und die Anerkennung blockieren. Dies ist ein schwerwiegendes Übel in der Kirche, die nach Hierarchien geordnet ist. Es verhindert, die Wahrheit zu sagen, da man zu sagen sucht, was dem Vorgesetzten gefällt; man versucht so zu handeln, wie man meint, dass er es wünsche. Auf diese Weise erweist man den Vorgesetzten bis hin zum Papst einen schlechten Dienst. Es gilt, stets nach Wahrheit und Gewissen zu reden und zu handeln. Doch gibt es nicht wenige Gruppen von Leuten, die sich bemühen, nur das zu tun, was den Oberen gefällt.

Die Anpassung auf Kosten der Wahrheit hat schwerwiegende Auswirkungen in der Kirche. So gibt es gelegentlich Priester, die gerne Bischöfe werden möchten und es auch schaffen. Es dürfte keine Furcht geben, die eigenen Gedanken klar zum Ausdruck zu bringen, zumal nicht unter den Bischöfen. Auch dann nicht, wenn sie wissen, dass sie deswegen vielleicht nicht auf einen angeseheneren Bischofssitz berufen werden. Manchmal reden die Bischöfe nicht, weil sie sonst die Aussicht auf die Kardinalswürde untergraben würden. Dieses stillschweigende Karrieredenken fügt der Kirche großen Schaden zu. Wir müssen um die Gabe der heiligen Freiheit beten, im Wissen, dass der, der frei ist, an den Leiden Christi teilnimmt. Wie der Papst [Benedikt XVI.] in seinem Buch über Jesus sagt: „Der Prophet ist immer der Verlierer." Ein Prophet bleibt immer unverstanden und er leidet. Damit müssen wir uns abfinden. Manchmal ist man bei den Gewinnern, doch häufiger bei den Verlierern.

Die Eitelkeit, von der Paulus spricht, ist ein zerstörerisches Element auch in der Kirche. Damit möchte ich nicht einfach das Bemühen verurteilen, maßvoll zu sprechen und Sachverhalte sensibel darzulegen, doch darf man die Wahrheit nicht dem schweigenden „Weiter so!" und dem schönen Schein opfern.

Der Kampf des Paulus ist also nicht auf seine Zeit beschränkt. Er gilt für jede Zeit. Zu jeder Zeit sind wir zur Authentizität aufgerufen, dazu, vor Gott transparent zu sein, die Wahrheit zu sagen, sie vielleicht auch einmal, wenn sie nicht angenommen wird, zu verschweigen; doch nie dürften wir uns von der Schmeichelei erfassen lassen. Darin sind wir äußerst geschickt, manchmal gestehen wir es uns selbst nicht einmal ein. Wie ich schon sagte, verfallen wir den *idola fori und* den *idola theatri*. Es braucht reichlich Gnade Gottes, um sich dem tückischen Netz dieser Idole zu entziehen, doch wer entkommt, ist frei. Und die Seele jeder menschlichen Kreatur ist zur Freiheit berufen!

Wir werden Schritt für Schritt aus der Wolke dieser tiefen und bedeutungsreichen Kapitel herauskommen, doch wenn wir uns ihnen gestellt haben, werden danach unseren Weg leichter fortsetzen können, um zu dem Gipfel der Freiheit und der Wahrheit aufzusteigen, der Jesus ist.

Die innere Freiheit nährt sich auch von einer gesunden Wachsamkeit sich selbst gegenüber. Daran erinnert Paulus in seiner Abschiedsrede in Milet:

> „Gebt Acht auf euch und auf die ganze Herde" (Apg 20,28).

Gelegentlich verstehen wir dieses Wort im gegenteiligen Sinne: „Gebt (zuerst) Acht auf die Herde und (wenn ihr könnt, auch) auf euch selbst." Doch wir selbst sind die Ersten, auf die Acht zu geben ist, denn von der Haltung der Sorge und der Achtung sich selbst gegenüber hängt die Fähigkeit ab, jeden Menschen der Herde zu lieben. Viele Male habe ich vor den Pfarrern refrainartig wiederholt: „Ihr könnt eure Gemeinde traurig oder froh machen. Wenn ihr ein trauriges Gesicht macht, dann sorgen sich alle und fragen sich: Wer weiß, worunter der Pfarrer leidet? Wenn ihr ein frohes Gesicht macht, werden sich alle von eurer Freude anstecken lassen." So geht es um eine Achtsamkeit sich selbst gegenüber, die kommunikativ ist; sie ist vor allem jenen aufgegeben, die Verantwortung für andere tragen.

Im Blick auf einen Ordensoberen kam mir immer dieser einfache Gedanke: Erste Aufgabe eines Rektors ist es, die gute Stimmung zu bewahren. Aus dieser Pflicht folgen dann andere. In gleicher Weise ist es die erste Aufgabe eines Bischofs, Herzlichkeit und gute

Stimmung zu zeigen, Ruhe und Ausgewogenheit in jeder Lage. Aus diesen Haltungen ergeben sich unabsehbar viele einfache und für die Leute kostbare Gaben. Sieht man hingegen den Pfarrer, den Bischof, die Oberen ständig wütend, irritiert, besorgt, dann führt das bei den Menschen zu Angst und Sorge. Man erzählt sich, dass man einem Bischof sagte: „Sie müssten ein bisschen mehr lächeln." Daraufhin nahm er sein Notizbuch und schrieb sich auf: „Noch etwas, was ich tun muss." – Das Lächeln ist tatsächlich die erste Pflicht eines Bischofs.

„Gebt Acht auf euch und auf die ganze Herde", innerhalb derer euch der Heilige Geist als Bischöfe bestellt hat. Ihr müsst zugleich wachen, hüten und zusammenführen können ... Der Hirt sieht den zurückzulegenden Weg und die gesamte Herde, er hat einen Blick, der weite Horizonte erfasst. Es braucht eine besondere Gnade des Geistes, um die engen Grenzen des Heute überschreiten zu können. Es braucht einen prophetischen Blick, um den Menschen bei der Orientierung zu helfen. Wenn die Menschen in uns diesen Blick wahrnehmen, der weiter reicht und Grenzen überschreitet, dann werden sie sich mit uns auf den Weg machen.

Paulus warnt im selben Abschnitt der Apostelgeschichte vor den „falschen Lehren", eine Warnung, die auch pessimistisch klingen kann:

> „Und selbst aus eurer Mitte werden Männer auftreten, die mit ihren falschen Reden die Jünger auf ihre Seite ziehen" (20,30).

Wir fragen uns: Welche sind diese falschen Lehren? Im Allgemeinen sah man in der Urkirche nicht jene Lehren als verfehlt an, die die Beobachtung des Gesetzes leichter machten; als falsch galten vielmehr jene, die es strenger und starrer auslegten, indem sie zum Beispiel die Ehe verboten oder den Verzicht auf bestimmte Speisen forderten.

Heutzutage gilt es dagegen oft als verfehlte Lehre, wenn man die Dinge zu leicht nimmt. Noch verfehlter aber ist es, es mit den Anforderungen der Heiligkeit zu übertreiben und absurde, fast heroische Andachtsübungen auf die Schultern der armen Menschen zu legen. Manche, die das Heil erlangen wollen, neigen dazu, diesen verfehlten Lehren zu folgen. Paulus predigt hingegen die Lehre von dem Gott, der rettet, von dem Gott, der entgegenkommt. Die Hirten dürfen keine unsinnigen Verzichte auferlegen, sondern müssen das Volk der Gläubigen dem Herrn und seinem Wort anvertrauen. Nur das Wort Gottes hat die Kraft, aufzubauen und zu retten. Dies ist – in all seiner Sanftheit – ein starkes, machtvolles Wort. So schrieben die Wüstenväter:

„Die Natur des Wassers ist weich, die des Felsens hingegen hart. Doch wenn von einer ganz kleinen Quelle ein kleiner Tropfen auf den Felsen fällt, Tag für Tag, Tropfen für Tropfen, dann gräbt das Wasser ein Loch in die Tiefe des Felsens und verändert seine Form.
Auch das Wort der Schrift ist süß und sanft, während unser Herz hart und egoistisch ist. Wenn jemand jedoch häufig die Schrift liest, Tag für Tag, Vers für Vers, dann gräbt das Wort Gottes in der Tiefe und verwandelt unser Herz von Stein in ein Herz von Fleisch."

Wenn ihr euch an dieses Wort haltet, dann geht euch nichts ab; ihr müsst euch auch nicht beklagen, man hätte euch verwirrt; denn das Wort wird euch leiten.

Schließlich beeindruckt mich sehr die tiefe Gemütsbewegung, die die Gemeinde beim Abschied des Paulus erfasst: Alle knien nieder, beten, weinen, fallen dem Paulus um den Hals.

Ich habe erfahren, wie die Leute den Bischof lieben können, wie sie sich freuen können, wenn sie sehen, wie er seiner Freude, seinen Gefühlen Ausdruck verleiht; wie man sich nach Jahren, in denen man fern voneinander war und sich nicht gesehen hat, begrüßt, auch mit Umarmungen und Küssen. In der Kirche gibt es Liebe. Und wir brauchen in unserem Netz von

Beziehungen, von Gefühlen, von Erweisen von Zuneigung und Freundschaft keine Angst zu haben. Wir haben gesagt, dass es Neid und Eitelkeit gibt, aber es gibt auch wahre Liebe, eine selbstlose Liebe, eine Liebe, die mit der Zeit nicht nachlässt, eine Liebe, die das Herz mit Heiterkeit, Freude und Frieden erfüllt.

Danken wir daher dem Herrn jeden Tag, dass er uns in diesen Leib der Liebe eingefügt hat, die seinem Herzen entspringt und in der ganzen Gemeinde zum Ausdruck kommt.

In den ersten Kapiteln des Römerbriefs sind wir lange in der Wolke voller Spannungen, voller Hagel, Blitzen und Donner geblieben. Es war ein Hinweis auf die Sündhaftigkeit der Heiden; dann wurde deutlich, dass auch die Juden Sünder sein können, und schließlich folgt der bittere Schluss:

> „Denn es gibt keinen Unterschied. Alle haben ja gesündigt und die Herrlichkeit Gottes verloren" (Röm 3,22f).

Diese Herrlichkeit wird in Christus wiederhergestellt, wie das vierte Kapitel festhält.

Diese harte Aussage widerspricht nicht der Schrift. Schon bei Abraham (auf den im vierten Kapitel explizit verwiesen wird) kündigt sich ein Gesetz nicht des Fleisches oder des Mose, sondern eines an, das später das Gesetz des Geistes heißen wird.

So tritt man am Ende von Kapitel 4 aus der „Wolke“ heraus.

Kapitel fünf, so scheint mir, sollte im Zusammenhang mit dem ganzen achten Kapitel gelesen werden: Wir haben die Rechtfertigung, wir haben den Frieden mit Gott, wir rühmen uns der Drangsale, und zwar dank des Opfers Christi, „durch den wir jetzt schon die Versöhnung empfangen haben“ (5,11). Dies wird zu Beginn des fünften Kapitels ausgesagt (V. 1-11).

Dann legt Paulus wie in einem langen Exkurs dar, wie die Sünde und der Tod überwunden sind, insbesondere kraft der Taufe.

Im achten Kapitel kommt Paulus noch einmal darauf zurück, die Großartigkeit des christlichen Geheimnisses herauszustellen. So finden sich die beiden wichtigsten Abschnitte im fünften Kapitel in den Versen 1 bis 11 und dann im achten Kapitel.

Ich möchte euch kurz den Inhalt dieses Kapitels darlegen und stelle fest, dass dieser Austritt aus der Wolke zu Beginn des fünften Kapitels nicht nur durch die Worte

„Gerecht gemacht also durch Glauben
haben wir Frieden mit Gott“

angezeigt wird, sondern auch durch die ständige Wiederkehr des Wortes *Glaube* (es begegnet 47-mal im Brief) und des Wortes *Leben* (das 20-mal vorkommt).

Der Sinn dieses Lebens wird auf verschiedene Weisen zum Ausdruck gebracht, die sich nicht leicht zusammenfassen lassen. Ich würde es in folgender Weise tun:

Es gibt zwei große Thesen, die erste im Vers zwei und die zweite im Vers 14 des achten Kapitels. Die erste These lautet:

> „Denn das Gesetz des Geistes und des Lebens in Christus Jesus hat dich frei gemacht vom Gesetz der Sünde und des Todes" (Röm 8,2).

Diese Grundaussage wird in den folgenden Versen (8,5-11) ausgeführt – zunächst durch die Erinnerung daran, dass der Sohn uns diese Befreiung mit seinem Leben verliehen hat, sodann durch die Erinnerung an die Folgen dieses Lebens „nicht nach dem Fleisch, sondern nach dem Geist" (8,4).

Es gibt dort, in den Versen 5 bis 11, fünf Gegensatzpaare: Nein, so nicht! – Ja, so hingegen sehr wohl!

Alle, die nach dem Fleische leben, denken an die Dinge des Fleisches, alle, die nach dem Geiste leben, sinnen auf die Dinge des Geistes. Doch die Wünsche des Fleisches führen zum Tod, die Wünsche des Geistes zum Leben und zum Frieden ... In fünffachem Kontrast wird der Reichtum dieses Lebens nach dem

Geiste aufgezeigt. Der Schluss findet sich im zwölften und dreizehnten Vers:

> „Wir sind also nicht dem Fleisch verpflichtet, sodass wir nach dem Fleisch leben müssten. Denn wenn ihr nach dem Fleisch lebt, müsst ihr sterben; wenn ihr aber durch den Geist die sündigen Taten des Leibes tötet, werdet ihr leben" (Röm 8,12f).

Doch was bedeutet das in der Praxis? Dies wird in der zweiten, der dichtesten und schönsten Hälfte dieses Kapitels erläutert (8,14-39). Sie lässt sich in drei Teile gliedern. Am Anfang steht als Auftakt der Satz:

> „Denn die sich vom Geist Gottes leiten lassen, sind Kinder Gottes" (Röm 8,14).

Der Geist wird dann beschrieben als

- Geist der Kindschaft (Verse 15 bis 17),
- als Geist der Hoffnung (Verse 18 bis 25),
- und als Geist des Gebetes (Verse 26 und 27).

Es geht also um Kindschaft, Hoffnung und Gebet. Ab Vers 28 folgt der große Schluss, in dem alles auf den Plan Gottes zurückgeführt wird, der seine Auserwählten heiligt und sie beruft, in der Ewigkeit bei ihm zu sein.

Es gäbe vieles zu diesem Kapitel zu sagen. Ich möchte mich auf jenen Vers beschränken, der lautet:

> „Der Geist nimmt sich unserer Schwachheit an. Denn wir wissen nicht, was wir in rechter Weise beten sollen" (Röm 8,26).

Ich habe diese Worte bislang auf sehr einfache Weise ausgelegt, das heißt, wir wissen nicht zu beten. Gewiss, wir haben das Vaterunser, aber trotzdem wissen wir oft nicht, wie wir beten sollen.

Es geht freilich nicht nur darum, dass wir ein wenig besser beten, etwas aufmerksamer, mit weniger Zerstreuungen. Ich meine, dass das Gebet, das uns der Heilige Geist eingibt und zu dem er uns zu Hilfe kommt, darüber hinaus geht: In Wirklichkeit geht es um einen Gebetsstil, der offen ist für die Ewigkeit, offen für die Größe des Gottesreiches, offen für die Freude des Reiches. Dies ist eine große Gnade.

Das authentischste und vollkommenste Gebet ist nach der Bibel die freie und spontane Anschauung Gottes, es ist das Lob seiner Größe, wobei man nichts von Gott erbittet noch ihm aus einem konkreten Grund dankt, sondern ihn nur preist, weil er ist.

Wir haben kaum eine Vorstellung von der Freude des Reiches, und wenn wir sagen: „Herr, wir erwarten deine Wiederkunft, komm Herr Jesus", dann denken wir insgeheim: „So spät wie möglich!"

Wir haben keine klare Vorstellung von dem, was uns erwartet. Der Geist jedoch lässt uns Schritt für Schritt die Größe dieses Reiches verstehen, und so ist unsere Bitte nicht einfach nur eine kleine Bitte um Hilfe, sondern ein großes Gebet, das um das Kommen des Reiches Gottes für alle bittet.

Wir beten: „Dein Reich komme" – in uns und um uns.

Dem Himmelreich gebührt die erste Stelle in der Hierarchie unserer Werte. Dann dient uns alles dazu, dieses Ziel zu erreichen, der Rest ist eine „Zugabe" (vgl. Mt 6,33). Gott ist reich an Gnade für den, der ihn mit aufrichtigem Herzen sucht: Das kann und sollte man erfahren. Und machen wir uns bewusst, dass er uns jetzt schon, auch wenn das Reich für uns noch keine Priorität gewonnen hat, die „Zugaben" schenkt.

Es ist also der Heilige Geist, der unserem Gebet Sauerstoff, Atem und Weite gewährt. Der Geist jedes Menschen ist sein eigenes Wesen, in seiner Fülle und Unsterblichkeit, wenn es im wahren Geist verwurzelt ist.

Wer einen Blick dafür hat, wie der Heilige Geist in ihm und um ihn wirkt, der vermag alles, was geschieht und was uns wie eine diffuse Vielheit vorkommt, in einer tiefen Einheit zusammenzubringen.

Das Geheimnis Israels

Das „jüdische Problem“ im Römerbrief

„Gott, Heiliger Geist, wir versetzen uns geistig zurück in den Abendmahlssaal. Wir erwarten deine Herabkunft auf uns. Wir wissen, dass du ständig in der Kirche gegenwärtig bist und darum bereit, dich zu schenken, denn du selbst bist Gabe. Wir danken dir für die großen Gaben, mit denen du uns in unserem ganzen Leben unterstützt hast und bitten dich, dich der ganzen Welt zugutekommen zu lassen. Du bist der Ausgangspunkt jeder Reflexion, jeder Tat, du bist der Ursprung aller Liebe. Gib, dass wir diesen Ursprung der Liebe in uns erkennen und dass wir ihn in unserem täglichen Leben auszudrücken vermögen.“

Wir behandeln im Folgenden die Kapitel 9 bis 11 des Römerbriefs. Es wäre schön gewesen, länger beim achten Kapitel zu verweilen, da es voll von

Hoffnung für die Zukunft ist und ein tiefes Verständnis des Geheimnisses der Geschichte beinhaltet. Es schien mir aber wichtig, auch Röm 9–11 zu vertiefen. Es sind Kapitel, die selten ausgelegt werden. Als Titel dieser Meditation könnte man eine Formulierung wählen, die Paulus selbst am Ende des zehnten Kapitels verwendet: *Das Geheimnis Israels*. Es gibt übrigens auch ein Buch von Jacques Maritain mit diesem Titel [Le Mystère d'Israël, Paris, Neuausgabe 1990].

Wir finden uns im Einklang mit Jesus, dem Juden, Sohn von Juden und der jüdischen Überlieferung. Wir verbinden uns mit allen Gebeten, die in Jerusalem verrichtet werden. Jeden Vorabend des Sabbats ist die ganze Stadt ein Gebet. Wir erinnern uns an die unerhörten Leiden des jüdischen Volkes in diesen 2000 Jahren und verbinden uns mit ihren Hoffnungen.

Ich habe nicht vor, die drei Kapitel (9, 10 und 11) exegetisch auszulegen; sie sind ziemlich komplex. Ich werde mich stattdessen dem Thema des Juden Jesus zuwenden, wobei ich mich von den Texten inspirieren lasse und mir einige Fragen stelle. Paulus geht das sogenannte „jüdische Problem" im Römerbrief an und diskutiert es breit, es macht einen beträchtlichen Teil der 16 Kapitel aus. Eine Meditation über den Römerbriefs kann davon nicht absehen.

Paulus weiß, dass diese Frage zu seiner Erkenntnis des Geheimnisses Gottes gehört. So muss es auch allen denjenigen vor Augen stehen, die in dieser Erkenntnis fortschreiten. Man kann nicht Gott und Christus erkennen ohne einen gewissen Einblick in das „jüdische Problem".

Ich möchte ein weiteres, aktuelles Argument für die Beschäftigung mit dieser Frage hinzufügen: Jeder religiöse und interkulturelle Dialog kann von einem guten Ansatz im Dialog mit dem Judentum profitieren. Der interreligiöse Dialog setzt voraus, dass sich in den anderen Religionen irgendeine Form von Offenbarung findet. Wenn wir also vom Judentum handeln, das gewiss eine Offenbarung besitzt, dann gibt uns das eine Orientierung für den Umgang mit anderen Religionen. Auch für den interkulturellen Bereich ist es von Vorteil. Das Judentum ist ja in der Tat eine eindrucksvolle Kultur: Die Kunst ist aus einer gewissen Warte arm und ohne Überschwang, ohne Monumente und Marmorstatuen; es gibt viele kleine Objekte, die auch auf dem Suk von Jerusalem verkauft werden. Aber es ist eine Kultur von höchstem Niveau. Wenn wir bedenken, wie viel sie in den letzten zwei Jahrhunderten zur europäischen Kultur beigetragen hat, dann sind wir fast erschrocken und überrascht. Man denke an Namen wie Sigmund Freud, Gustav Mahler, Hans Jonas, Martin Buber, Ernst Bloch, Franz Rosenzweig, Emmanuel Lévinas, Franz Kafka, Elias Canetti, Karl Marx, Walter Benjamin, Simone Weil … Wir müssen verstehen, wie viele jüdische Wurzeln unsere europäische Kultur hat. Der interkulturelle Dialog muss sich vor allem auf die Kenntnis der Ursprünge unserer Kultur stützen.

Im Dialog mit dem Judentum gibt es eine Art Vorbehalt vonseiten der Juden. Viele möchten kein theologisches Gespräch beginnen; sie sagen, sie hätten keine Theologie, sie wagen die Frage nach Gott nicht anzugehen. Sie sprechen vom Antisemitismus. Ich habe oft gesagt, es genüge nicht, den Antisemitismus abzulehnen, es genüge nicht, Anti-Antisemit zu sein, sondern man müsse das jüdische Volk lieben. Es lieben mit seinen Überlieferungen, seinen Romanen, seiner Literatur, seiner Musik, seiner Poesie, seiner religiösen Kultur, seinen heiligen Büchern, seiner Geschichte. Es ist ein höchst eindrucksvolles Volk, das in seiner Geschichte Einmaliges durchlebt hat.

Wie hat Paulus über das Judentum gesprochen? Verstandesmäßig, reflektierend? Oder ist er von einer starken Gemütsbewegung ausgegangen? Offensichtlich Letzteres; Paulus sagt es klar:

> „Ich bin voll Trauer, unablässig leidet mein Herz“ (Röm 9,2).

Paulus geht von diesem erlebten Schmerz aus und sucht Lösungen. Er stellt sich verwirrende Fragen: Wie ist es möglich, dass ein großer Teil meines Volkes den Messias nicht anerkannt hat? Und wie ist es möglich, dass Gott seinen Verheißungen treu bleibt, wenn dieses Volk ihn nicht anerkennt? Wie ist es möglich, dass es heute im Glauben lebt, obwohl es den Messias abgelehnt hat? Paulus spürt diese Fragen als Teil des Geheimnisses Christi und des Geheimnisses Israels und bemüht sich, Antworten zu geben, sich und den anderen, indem er nicht von einem Gedankengang ausgeht, sondern von einer Gemütsbewegung. Und indem er vom Herzen auszugehen sucht, entfaltet er einen scharfsinnigen und intuitiven Gedanken.

Ich möchte euch darauf aufmerksam machen, dass Paulus uns damit einen Stil der rechten Unterscheidung lehrt: Wir werden niemals allein mit dem Verstand überlegen ohne eine starke emotionale Beteiligung. Hat Paulus das Problem organisch und systematisch behandelt? Einige würden das bejahen. Ich würde das eher nicht behaupten, denn diese Kapitel sind eine Abfolge von Versuchen, von Blitzlichtern und nicht eigentlich eine organische Rede. So fügt Paulus Gedankensplitter in einer unabgeschlossenen Reflexion zusammen.

Paulus war sicher schärfster Gegner einiger Juden und beschreibt sie in demütigender Form im 1. Brief an die Thessalonicher mit harten Urteilen:

> „Denn, Brüder und Schwestern, ihr seid dem Beispiel der Gemeinden Gottes in Judäa gefolgt, die in Christus Jesus sind. Ihr habt von euren Mitbürgern das Gleiche erlitten wie jene

> von den Juden. Diese haben Jesus, den Herrn, getötet; auch uns haben sie verfolgt. Sie missfallen Gott und sind Feinde aller Menschen; sie hindern uns daran, den Heiden das Evangelium zu verkünden und ihnen so das Heil zu bringen. Dadurch machen sie unablässig das Maß ihrer Sünden voll. Aber der ganze Zorn ist schon über sie gekommen" (2,14-16).

Paulus empfindet das so, doch verspürt er zutiefst den Wunsch zu verstehen, was vorgefallen ist und wie seine Brüder und Schwestern von Gott geliebt sind, selbst wenn sie Jesus verworfen haben.

Es gibt für dieses Problem nicht einfach nur *eine* theologische Lösung.

Das Matthäusevangelium geht in eine andere Richtung, wenn Jesus am Ende der Parabel von Kapitel 21 mahnend spricht:

> „Darum sage ich euch: Das Reich Gottes wird euch weggenommen und einem Volk gegeben werden, das die Früchte des Reiches Gottes bringt. Und wer auf diesen Stein fällt, wird zerschellen; auf wen der Stein aber fällt, den wird er zermalmen." Die Hohepriester und die Pharisäer verstanden, „dass er von ihnen sprach. Sie suchten ihn zu ergreifen ..." (21,43-46).

Wir beschäftigen uns aber hier mit Paulus in den zentralen Kapiteln des Römerbriefs. Wir könnten noch sagen, dass die jüdische Frage nicht nur ein Problem der Zeit des Paulus, sondern ein ewiges Problem ist, das sich bis heute stellt. Genauer genommen geht es für den Christen um die Antwort auf die Frage: „Was ist die religiöse Bedeutung des Judentums als Kult, als Religion, und welche Haltung sollten wir ihm gegenüber einnehmen? Sollen wir geduldig respektieren und abwarten, dass bessere Zeiten kommen, oder sollen wir diesen Glaubensweg positiv bewerten?"

Paulus nimmt zu all diesen Punkten nicht endgültig Stellung, doch weist er darauf hin, dass die Gaben Gottes auf ewig verbleiben. Jemand könnte sich fragen, ob sie nur für die Juden gelten, die sich zu Jesus bekehren, oder für alle Juden ohne Unterschied, die in gutem Glauben ihre Religiosität leben. Die beste Lösung scheint darin zu bestehen, dass diese Gaben *allen* Juden angeboten bleiben.

Worum geht es Paulus nun bei der Abfassung dieser Kapitel? Er will Gott gegen den Vorwurf verteidigen, er sei ungerecht, und gegen den Vorwurf, er stehe nicht zu seinen Verheißungen. Die Propheten hatten von großem Zustrom der Masse gesprochen, doch sieht man diese nicht. Paulus will zeigen, dass Gott seinen Verheißungen nicht untreu geworden ist, auch wenn viele Juden bislang Jesus nicht angenommen haben. Auch ein „kleiner Rest" des Volkes kann genügen, um die Verheißungen Gottes zu rechtfertigen. Doch dann wird die Frage drängend: Welchen Sinn hat die jüdische Religiosität, wenn sie *nach* Christus gelebt wird? Dies ist ein komplexes und schwieriges Problem. Und dies umso mehr, als sich die jüdische Religiosität in eine bestimmte Richtung entwickelt hat, das heißt in die rabbinische unter zahlreichen anderen, die sie hätte einschlagen können. Entwicklungslinien wie die alttestamentliche königliche oder prophetische Linie sind nicht weiterentwickelt worden. Dabei hat wahrscheinlich auch ein gewisser antichristlicher Komplex eine Rolle gespielt. Es lässt sich nicht leugnen, dass die ersten Verfolger der Christen Juden gewesen sind, die erklärte Gegner des Christentums waren.

Was die Sicht des Judentums betrifft, geht die Tendenz heute, so scheint mir, auch im Christentum dahin, seinen großen Wert und seine Legitimität anzuerkennen. Im Dokument der Bibelkommission mit dem Titel *Das jüdische Volk und seine Heilige Schrift in der christlichen Bibel* findet sich ein sehr starker Satz. Da heißt es, dass das Judentum, auch wenn es der Gestalt Jesu keine messianische Deutung gegeben hat, doch in gewisser Weise eine legitime Interpretation vorgenommen hat. Somit ist es nützlich, diese kennenzulernen. Es gibt sehr schöne, aufschlussreiche Werke jüdischer Exegeten, die sich in die in der Bibel überlieferten Worte und Taten hineinvertieft haben. Die jüdische

Religiosität hat unbedingt ihre Legitimität. Die Juden sind herausragende Verehrer des Namens Gottes, auch wenn sie ihn niemals aussprechen, und wir freuen uns, dass es so viele Verehrer des Namens sind.

Wenn ihr nach Jerusalem kommt, erlebt ihr die Vielfalt der jüdischen religiösen Ausdrucksformen und Überlieferungen, von den stärker verwestlichten bis zu den orthodoxeren und den ultraorthodoxen Juden mit den Quasten und den pelzbesetzten Kappen ... Sie verehren Gott und verdienen Respekt, da sie Gott mit ganzem Herzen lieben und zu ihm beten, wenn auch auf ihre Weise, mit aufrichtigen Herzen. Ich könnte nicht so beten, denn sie beten, indem sie in größter Geschwindigkeit die Psalmen lesen. Ich erinnere mich, wie ich es einmal beim Besuch der Synagoge schwierig fand, mitzulesen und die Seiten rechtzeitig umzublättern ... Juden pflegen die Litanei oder die Wiederholung, indem sie Formeln lesen, die Gott die Ehre erweisen; es kommt nicht darauf an, mit dem Verstand nachzuvollziehen, sondern die Gottheit mit dem Herzen und dem Leib zu ehren.

Im Übrigen ist es beim „Jesusgebet", das auch „Herzensgebet" genannt wird, wie es die orthodoxen Christen verrichten, nicht viel anders. Es ist eine Technik, die darin besteht, innerlich und immer wieder die folgende Formel zu wiederholen: „Herr Jesus Christus, Sohn Gottes, hab Erbarmen mit mir Sünder." Ich bin eine Woche lang auf dem Berge Athos in einem sehr strengen Kloster gewesen. Man stand um zwei Uhr auf und verrichtete im Zimmer, im Dunkeln eine Stunde lang das „Jesusgebet". Dann ging man um drei Uhr in den Chor bis um neun. Im Chor war es jedoch nicht so, dass alle dasselbe wiederholt hätten; es reichte, dass einer den Psalm vortrug, während die anderen sich niederwarfen oder auch einschlummerten. So herrschte eine gewisse Freiheit. Und auch das ist Religiosität.

Das Judentum ist eine Religion, die eine sehr anspruchsvolle Ethik zur Blüte gebracht hat, auf deren Grundlage man sich begegnen kann, auch wenn die gegenwärtigen politischen Verhältnisse nicht gerade dazu beigetragen haben, den Sinn für Vergebung und Barmherzigkeit zu entwickeln. Doch gibt es auch auf diesem Gebiet wunderbare Beispiele, die viele von euch kennen. Denken wir etwa an die Familien, die im Hause einen Trauerfall hatten, deren Tochter von Terroristen getötet wurde oder deren Sohn im Krieg gefallen ist … – und die sich, statt auf Rache zu sinnen, gefragt haben: „Wenn wir so leiden, wie viel werden die anderen leiden, Palästinenser oder Juden, die ebenfalls jemanden durch Gewalt verloren haben?" Sie haben einander aufgesucht, sie sprechen miteinander, sie treffen sich, sie finden sich neu. Sie versuchen ein Netz der Verständigung und Wiedergutmachung zu knüpfen. Dies ist eine wunderbare Sache, ist reinstes Evangelium! Es gibt kostbare und besondere Perlen im Judentum, es ist ein Ort des Gebetes, Ort der Liebe, Ort der Vergebung.

Noch eine Frage: Haben die Juden von heute Interesse am Christentum? Interessieren sie sich für jenen Jeschua ben-Josef, Jesus, Sohn des Josef, der predigend durch die Straßen des alten Palästina zog? Lange Zeit hindurch hatten sie kein Interesse, haben ihn auch verachtet. Jesus ist für viele von ihnen ein Mann der Illusionen. Sie haben in ihrer Überlieferung viele Beispiele irregeleiteter und seltsamer Messiasse. So gibt es zum Beispiel in den Straßen von Jerusalem das Foto von einem Amerikaner, der sich als Messias ausgibt; es gab einen Messias im 18. Jahrhundert, der großen Erfolg verzeichnete, doch dann Muslim wurde. So können sie leicht sagen: „Seht, wie viele Messiasse es gibt!" Und so gab es nie viel Interesse für Jesus. Heute jedoch hat das Interesse stark zugenommen. Vielleicht auch, weil sie unter der Isolierung leiden, anerkannt werden wollen und ihrerseits mehr wissen und lieben möchten. So lesen sie auch Bücher über Jesus Christus. Ein Buch von mir ist auf Hebräisch übersetzt worden und wird in den jüdischen Buchhandlungen verkauft; es trägt den Titel *Verso Gerusalemme* (Unterwegs nach Jerusalem). An einer Messe auf Hebräisch, die ich jede Woche im Bibelinstitut feierte, nahmen regelmäßig einige jüdische Studenten der Universität teil. Wir gaben dazu unsere Zustimmung, nachdem wir sichergestellt hatten, dass es eine Einführung in den Katholizismus und in die Eucharistie gäbe. Ich erinnere mich, dass man etwa zehn Personen erwartete, doch es kamen um die hundert. Im Judentum verbreitet sich ein gewisses Verlangen, Jesus kennenzulernen. So ist es unsere Aufgabe, seine Schönheit aufzuzeigen und die Liebe zu ihm zu wecken.

Schlussendlich kann man *nicht* sagen, dass der erste Bund von einem anderen abgelöst worden sei. Der erste Bund besteht weiter und erweitert sich. Der Römerbrief hält ausdrücklich die Fortdauer der Gaben Gottes fest.

Im Hebräerbrief heißt es hingegen: „Denn das Gesetz, das nur einen Schatten der künftigen Güter, nicht aber die Gestalt der Dinge selbst enthält, kann durch die immer gleichen, jährlich dargebrachten Opfer niemals diejenigen, die zu Gott hintreten, für immer zur Vollendung führen. Denn hätte man nicht aufgehört, Opfer darzubringen, wenn die Opfernden kein Sündenbewusstsein mehr gehabt hätten, da sie ja ein für alle Mal gereinigt worden wären?" (Hebr 10,1f). Und an anderer Stelle: „Indem er von einem neuen Bund spricht, hat er den ersten für veraltet erklärt. Was aber veraltet und überlebt ist, das ist dem Untergang nahe" (Hebr 8,13). Der Hebräerbrief ist einer Fortdauer des Bundes wenig zugeneigt.

Meinerseits möchte ich schließen wie Paulus. Er hat vielfach versucht, die Gerechtigkeit Gottes zu wahren, seine Treue zu seinen Verheißungen, beseelt vom Wunsch, sein Volk zu retten, und schließt dann mit zwei mystischen Visionen. Die erste besagt, dass das jüdische Volk sich bekehren werde.

> „Denn ich will euch, Brüder und Schwestern, nicht in Unkenntnis über dieses Geheimnis lassen, damit ihr euch nicht selbst für klug haltet: Verstockung liegt auf einem Teil Israels, bis die Vollzahl der Heiden hereingekommen ist" (Röm 11,25).

Dann wird ganz Israel gerettet werden, wie geschrieben steht:

> „Es wird kommen aus Zion der Retter, er wird alle Gottlosigkeit von Jakob entfernen. Und das ist der Bund, den ich für sie gestiftet habe, wenn ich ihre Sünden hinwegnehme" (Röm 11,26f).

Wird dies vor der Wiederkunft Christi oder danach geschehen? Paulus sagt es nicht, doch er sagt, dass

> „die Gnadengaben und die Berufung Gottes unwiderruflich" sind (Röm 11,29).

Auf diese erste Vision folgt eine Gesamtsicht der menschlichen Geschichte, bei der die eingangs gestellte Frage im Hintergrund steht, ob es mehr Böses oder mehr Gutes auf der Welt gebe. Paulus sagt:

> „O Tiefe des Reichtums, der Weisheit und der Erkenntnis Gottes! Wie unergründlich sind seine Entscheidungen, wie unerforschlich seine Wege! Denn wer hat die Gedanken des Herrn erkannt? Oder wer ist sein Ratgeber gewesen? Oder wer hat ihm etwas gegeben, sodass Gott ihm etwas zurückgeben müsste? Denn aus ihm und durch ihn und auf ihn hin ist die ganze Schöpfung. Ihm sei Ehre in Ewigkeit! Amen“ (Röm 11,33-36).

Die Kraft des Guten

Geistiger Gottesdienst und Liebe im Römerbrief

„Ich bin Diener Jesu Christi, ich gehöre Jesus und liebe ihn, und das kennzeichnet mich, bestimmt mich und macht mein Wesen aus. Amen."

Wenden wir uns nun dem ermahnenden („paränetischen") Teil des Römerbriefs zu. Wir werden insbesondere das zwölfte Kapitel meditieren, das mit den Worten beginnt:

> „Ich ermahne euch also, Brüder und Schwestern, kraft der Barmherzigkeit Gottes, eure Leiber als lebendiges, heiliges und Gott wohlgefälliges Opfer darzubringen – als euren geistigen Gottesdienst" (12,1).

Paulus stellt seine ganze Ermahnung unter das Profil des Kultes, des Opfers, der Opfergabe. Er ist eine Opfergabe, die auf den Altar getragen ist, eine *prosforá*, wie der griechische Text sagt: vor Gott getragen, um ihm zu gefallen, und daraufhin erhöht als lebendige und wohlgefällige Hostie.

Ich habe mich oft gefragt, ob dieser praktische Teil des Briefes eine Konsequenz des vorangehenden theologischen Teils ist oder ein Abschnitt, den der Prediger schon bei anderer Gelegenheit gebraucht hatte und der in Eile und der Einfachheit halber in diesen Kontext eingefügt worden ist.

Es gäbe in der Tat einige Gründe für diese zweite Hypothese, da Paulus hier Wörter verwendet, die im ersten Teil nicht vorkommen, zum Beispiel „Opfer" oder „Kult" bzw. „Gottesdienst". Der zweite Teil scheint fast besser zum Hebräerbrief zu passen, in dem über lange Strecken vom Opfer die Rede ist.

Was können wir daraus folgern? Ich meine sagen zu können, dass die Apostel taten, was sie konnten. Vielleicht musste ein Brief schnell zu Ende gebracht werden, und diese Ermahnung, die sie schon andere Male vorgetragen hatten, schien an dieser Stelle gut zu passen ... Es ist tatsächlich eine sehr schöne und reiche Ermahnung, aber ich sehe keine logischen Verbindungen mit den Seiten davor. Wir machen es in unseren Predigten manchmal genauso: Wir greifen auf Gedanken zurück, die wir schon bei anderen Gelegenheiten geäußert hatten und die uns nun wieder gut und wertvoll erscheinen.

Das zwölfte Kapitel, dem wir uns nun zuwenden, lässt sich in fünf Teile gliedern:
– Zunächst (12,1f) die Grundlage des christlichen Lebens, die rechte Grundhaltung.
Es folgen einige versprengte Anmerkungen ohne genaue Ordnung:
– über die rechte Einschätzung seiner selbst;
– und über die Bande, die alle Christen verbinden;
– sodann erfolgt ein Übergang zur Betrachtung der Charismen,
– und alles wird am Schluss unter dem Thema der Liebe zusammengefasst. Dort finden sich 20 charakteristische Züge der Liebe, so wie wir vorher 20 Sünden gesehen haben, die die Welt krank machen.

Wir hatten uns gefragt: Ja, gibt es mehr Böses auf der Welt oder mehr Gutes? Paulus verweist uns hier auf die rechte Einstellung gegenüber dem Problem des Bösen: „Ich ermahne euch …" – eine bedeutungsschwere Formulierung, die viele Aspekte beinhaltet; „Ich ermahne euch" will heißen: „Ich tröste euch, ich ermutige euch, ich flehe euch an, ich bitte euch …"

Das ist charakteristisch für die christliche Moral, die niemals sagt: „Ich befehle euch!" oder: „Ich ordne an …!" Die christliche Ethik lädt zu den höchsten Dingen ein, doch immer mit Sanftheit und Sensibilität, mit der Sorge dessen, der das Wohl der Menschen will, an die er sich richtet. *Paracaló*, so das zugrundeliegende Verb, heißt noch heute auf Griechisch „Bitte“! Ich flehe euch an, fast wie auf den Knien: Tut dieses, denn ich will euch wohl, und ihr werdet leben!

Dies ist der Stil der Moral des Paulus. Ich ermahne euch *also* (da wird in der Art einer Schlussfolgerung doch einmal auf den ersten, eher theoretischen Teil Bezug genommen), liebe Brüder und Schwestern … Ich ermahne euch … – das allein reicht nicht. Paulus ergänzt: Ich ermahne euch *um der Barmherzigkeit Gottes willen,* kraft seiner Barmherzigkeit. Hier könnte noch eine Verbindung zu den vorangehenden Kapiteln vorliegen, denn Paulus hat diese Barmherzigkeit gepriesen, vor allem im Kapitel zuvor:

> „Gott hat alle in den Ungehorsam eingeschlossen, um sich aller zu erbarmen“ (Röm 11,32).

Das Erbarmen Gottes war beispielhaft angesichts der Ablehnung des jüdischen Volkes herausgestellt worden. Jetzt wird es Motiv des Lebens, es öffnet sich auf alles menschliche Verhalten hin: Wir sind da, um die Barmherzigkeit nachzuahmen, um die Barmherzigkeit auszudrücken, um Barmherzigkeit zu üben. Hier kommt das Lukasevangelium in den Sinn:

> „Seid barmherzig, wie auch euer Vater barmherzig ist“ (Lk 6,36).

Das Thema der Barmherzigkeit hat bei Paulus einen hohen Stellenwert und es ist, wie ich schon angedeutet habe, ein entscheidendes Thema der Kirche. Die Kirche soll die Barmherzigkeit Gottes in der Welt spüren lassen. Und nicht etwa Machtfülle, Organisationsfähigkeit oder wirtschaftliche Macht. Barmherzigkeit soll sie erfahrbar machen! Es ist klar, dass diese Barmherzigkeit nicht billig zu haben ist. Es ist eine Barmherzigkeit, die uns wirklich erneuert und uns neue Kräfte verleiht, eine Barmherzigkeit, die uns innerlich neu erschafft.

> „Ich ermahne euch also, Brüder und Schwestern, kraft der Barmherzigkeit Gottes …"

Wozu ermahnt uns Paulus? Dies ist das zentrale Thema:

> „… eure Leiber als lebendiges, heiliges und Gott wohlgefälliges Opfer darzubringen" (Röm 12,1).

Die Sprache ist kultisch. Vorausgesetzt wird, bildlich gesprochen, ein Altar, auf den ein Körper gelegt wird, wie seinerzeit Isaak als lebendiges Opfer dargebracht werden sollte. Da ist also ein Leib als Opfergabe; er empfängt Leben von Jesus.

Dieses Opfer hat drei charakteristische Elemente: Es ist „lebendig", „heilig" und „Gott wohlgefällig". Das heißt: Unser Leben soll zu einer Opfergabe werden; dies ist der „geistige Gottesdienst", von dem Paulus spricht (am Ende von 12,1). Man könnte auch übersetzen: „rationaler", „vernünftiger" Gottesdienst. Das griechische Wort ist nicht leicht wiederzugeben und auszulegen, da es im Neuen Testament nur hier bei Paulus vorkommt. Ein „vernünftiges" Opfer könnte bedeuten, dass es nicht zu viel verlangt, nicht überfordert. Die bessere Deutung scheint jedoch „geistiges" Opfer zu sein, das heißt Gottes würdig, dem Logos, seinem Denken, seiner Weisung entsprechend, Es ist ein „geistiger" Kult, kein ritueller, kein äußerlicher, sondern einer, der unser ganzes Leben betrifft; denn das ist mit dem Wort „Leib" gemeint. Unser inneres Leben soll eine Opfergabe für Gott werden, aber wir sollen uns eben nicht „abstrakt" darbringen, sondern „unsere Leiber", und zwar in aller Konkretheit, in unserer Einstellung im Gebet, in der Einstellung in der Beziehung mit anderen, in unseren Entscheidungen und unseren Taten. Alles ist eingeschlossen in diesem geistigen Kult.

Das geistliche Leben bedeutet, in den Dingen des Alltags zu handeln, ohne unsere Fähigkeiten oder unsere Klugheit herausstellen zu wollen, ohne den kleinen Ruhm zu suchen, sondern einfach dadurch, dass wir ganz in dem, was wir tun, auch in einer unscheinbaren Geste, aufgehen. So sind wir ganz präsent, voller Aufmerksamkeit; es ist, als hätte die Handlung dieses Augenblicks – eine Tür öffnen, einen Brief schreiben, einen Kranken aufsuchen, einen Ritus vollziehen etc. – etwas vom Abenteuer des ersten Mals.

„Oder wisst ihr nicht, dass euer Leib ein Tempel des Heiligen Geistes ist, der in euch wohnt und den ihr von Gott habt? … Verherrlicht also Gott in eurem Leib“ (1 Kor 6,19).

Warum verbringen wir einen großen Teil unserer Zeit, ohne dies unglaubliche Geheimnis zu bedenken? Wir sind Tempel des Heiligen Geistes! Und das ist auch unser Nächster, jeder unserer Nächsten!

Wie kann der Heilige Geist in meinem Leib wohnen, wenn ich dessen nicht würdig bin, wenn ich ihn beschmutze und verunstalte mit meinem Egoismus und meiner Apathie? Paulus antwortet: „Ihr gehört nicht euch selbst.“ Dies ist eine überzeugende Antwort, denn in der Tat *besitzen* wir wirklich keinen Teil unseres Leibes: Alles ist uns gegeben worden und alles ist dem unermesslichen Spiel der Möglichkeiten ausgeliefert. Wir haben zu wählen, doch wir haben nicht das Recht, unsere Innerlichkeit mit Banalitäten zu ersticken, sonst verherrlichen wir Gott nicht in unserem Leib. Ein Wille, der voll und ganz mit demjenigen übereinstimmt, den wir in uns beherbergen: eben dies ist die wahre innere Freiheit.

Es folgen zwei Ermahnungen, die sich als Konsequenzen aus dem Gesagten ergeben, eine „negative“ und eine „positive“. Paulus schreibt:

> „Und gleicht euch nicht dieser Welt an, sondern lasst euch verwandeln durch die Erneuerung des Denkens, damit ihr prüfen und erkennen könnt, was der Wille Gottes ist: das Gute, Wohlgefällige und Vollkommene" (12,2).

Die negative Konsequenz heißt also: sich nicht dem Denken dieser Welt anpassen. Was will das besagen? Sich anpassen an das Denken dieser Welt will heißen, sich den *idola tribus*, den *idola fori*, den *idola specus* und den *idola theatri* (vgl. oben S. 52–55) zu unterwerfen. In diesen Dingen findet sich die typische Mentalität dieser Welt. Geld verdienen, sich amüsieren, unbehelligt davonkommen, die anderen beschummeln: Das ist das typische Denken dieser Welt. Politisch, religiös, militärisch erfolgreich sein. Paulus sagt: Passt euch nicht an, übernehmt nicht die Denkweise, die bloß aufs Materielle ausgerichtet ist, sondern lasst euch umformen (das gleiche Wort steht für die Verklärung): Verändert eure Mentalität, indem ihr euren Geist erneuert.

Das ist die positive Konsequenz: ein Mentalitätswandel, für den es eine wahre Erneuerung des Geistes braucht. Es geht darum, das zu finden, was dem Willen Gottes entspricht, das, was gut, ihm wohlgefällig und vollkommen ist. Es geht um jene Unterscheidung, die wir speziell in den *Geistlichen Übungen* suchen.

Oft erwarten wir den Willen Gottes von den Ratschlägen und den Anweisungen der Oberen, von irgendwelchen Zeichen oder sonstigen sicherlich guten Dingen. Sicher wird er auch dadurch vermittelt, doch um wirklich in Christus verwurzelt und gegründet zu sein, müssen wir selbst den Willen Gottes suchen, und zwar so, dass wir unseren Sinn verändern, indem wir uns nicht den *idola* unterwerfen, sondern direkt auf Gott schauen, denn „er kümmert sich um uns" (vgl. 1 Petr 5,7): Er nimmt sich uns zu Herzen und spricht zu uns.

Wenn ich Menschen treffe, die von sich sagen, sie seien verwirrt, durcheinander, besorgt, und die sich fragen: Wohin geht das Christentum? Wo stehen wir? Unsere Kirche geht zu Grunde!, dann scheint mir das auch ein mögliches Zeichen dafür zu sein, dass sie noch nicht dieses „neue Fühlen" haben, das auf Gott schaut und sich von ihm formen und prägen lässt.

KONKRETE ERMAHNUNGEN

Nach der Aufforderung, sich nicht dem Denken dieser Welt anzugleichen, sondern aufmerksam zu sein, um den Willen Gottes zu finden, geht der Text über zu einigen einzelnen Aufforderungen, die wie gesagt etwas ungeordnet erscheinen – ähnlich wie wir gelegentlich in unseren Sonntagsmessen predigen. Wahrscheinlich spielt hier etwas hinein, was Paulus über die Gemeinde erfahren hat; er versucht deshalb, ihr etwas Nützliches zu sagen. Zuerst:

> „Denn aufgrund der Gnade, die mir gegeben ist, sage ich einem jeden von euch: Strebt nicht über das hinaus, was euch zukommt, sondern strebt danach, besonnen zu sein, jeder nach dem Maß des Glaubens, das Gott ihm zugeteilt hat“ (Röm 12,3).

Paulus wusste wohl, dass es in der Gemeinde Leute gab, die sich rühmten, Leute, die gern in Erscheinung traten. Da sagt er: Seid vernünftig, seid gerecht! „Einem jeden“ rät er: Erhebe dich nicht über deine Möglichkeiten hinaus, denn du bist noch nicht dort angekommen, wo du dich zu befinden scheinst.

Eine richtige Selbsteinschätzung darf auch nicht zu negativ ausfallen. Gelegentlich gibt es jene falsche Demut, die sich in Unterwürfigkeit äußert. Gewiss, wir sollen nicht zu viel über uns nachdenken, nicht zu viel von uns selber reden, nicht vorgeben, man sei weiß Gott wer; aber auf der anderen Seite sollen wir auch nicht das letzte Rad am Wagen sein, sondern auf unserem Platz bleiben. Wahre Demut ist etwas Innerliches, man legt sie nicht heuchlerisch an wie ein Gewand.

Es gibt so viel Arroganz; so viele Naseweise sind unterwegs. In den Talkshows im Fernsehen, in den

Kulturdebatten, in Printmedien und verschiedensten Veröffentlichungen gibt jeder sein Wissen preis, äußert seine Meinung und schlägt die eigenen Heilmittel in jedem Bereich des gesellschaftlichen Lebens vor. Man rühmt sich sogar der eigenen Laster – oder der eigenen Tugenden und vergisst dabei die eigene Herkunft. Selten spricht man davon, wie man selbst zum zum Leben, zur Wirklichkeit steht.

Wahre Demut besteht darin, die anderen höher zu schätzen als sich selbst, wahrzunehmen und wertzuschätzen, was sie besitzen und uns fehlt. Stattdessen nimmt jeder in Anspruch, den anderen belehren zu können. Demut ist eine Haltung, die auch zulässt, belehrt zu *werden*.

Die Demut ist freilich nicht die Frucht irgendeiner Anstrengung. Man ist demütig oder man ist es nicht. Demütig sein zu wollen ist oft eine Vorspiegelung, die schlimmer ist als der gezeigte Stolz. Wahre Demut ist eine innere Einstellung, die tief in unserem Geist und unserem Ich verwurzelt ist. Die Demut fällt mit der Aufrichtigkeit und der Wahrheit zusammen. Wenn wir anfangen, uns wirklich dessen bewusst zu werden, was wir sind, unserer Gewohnheiten, unserer Vorurteile, unserer Grenzen, aber auch der Gaben, die wir von *dem* empfangen haben, der sie nach seinem Wohlgefallen verteilt, dann stehen wir am Anfang der Umformung unseres Herzens.

Paulus erbittet dies „aufgrund der Gnade“, die ihm „verliehen“ ist. Welche Gnade meint er? Vermutlich jene, ein wenig diese Gemeinde zu kennen und zu wissen, dass es dort eingebildete Leute gab, die den eigenen Glauben zur Schau trugen.

Eine zweite Beobachtung findet sich in den Versen 4f: Wir sind miteinander verbunden und müssen uns so gegenseitig helfen.

> „Denn wie wir an dem einen Leib viele Glieder haben, aber nicht alle Glieder dieselbe Aufgabe haben, so sind wir, die vielen, ein Leib in Christus, als Einzelne aber sind wir Glieder, die zueinander gehören“ (Röm 12,4f).

Offenbar wollte in dieser Gemeinde jemand Aufgaben und Verantwortlichkeiten für sich in Anspruch nehmen, die ihm nicht zustanden, und beneidete die anderen. Deswegen sagt Paulus: Kehrt zurück zu einer gerechten Einschätzung eurer selbst, denn es geht um den wechselseitigen Dienst aneinander. Es gilt, auch die Verschiedenheit zu akzeptieren und sie recht einzuordnen. Wenn dies generell für den Leib der Gemeinde gilt, dann gilt es insbesondere für die Charismen:

> „Wir haben unterschiedliche Gaben, je nach der uns verliehenen Gnade. Hat einer die Gabe

> prophetischer Rede, dann rede er in Übereinstimmung mit dem Glauben; hat einer die Gabe des Dienens, dann diene er. Wer zum Lehren berufen ist, der lehre; wer zum Trösten und Ermahnen berufen ist, der tröste und ermahne. Wer gibt, gebe ohne Hintergedanken; wer Vorsteher ist, setze sich eifrig ein; wer Barmherzigkeit übt, der tue es freudig" (Röm 12,6-8).

Paulus vertritt nicht eine absurde Gleichmacherei. Die Gnade zeigt sich auf verschiedene Weise; die grundlegende Gnade der Berufung, Gott zu schauen, ist einmalig und die gleiche für alle, doch die Gnade, hier oder dort die Barmherzigkeit Gottes zum Ausdruck zu bringen, ist vielfältig, und jeder muss sie in sich zu erkennen suchen.

Gelegentlich stellen wir fest, dass bestimmte Berufungen aufgebläht werden, möglicherweise stimuliert durch die Eltern oder im Glauben, zu weiß Gott was berufen zu sein, doch dann stellt man fest, dass der angestrebte Posten nicht *unser* Posten war. Es gab eine nicht gerechtfertigte Selbstüberhebung. Die Charismen sind verschieden, und jeder soll sich in seinem spezialisieren: Wer die Gabe der Prophetie besitzt, übe sie aus nach dem Maß des Glaubens; wer ein Amt hat, nehme sein Amt wahr; wer zu lehren hat, der lehre; wem die Ermahnung aufgetragen ist, der ermahne.

Jeder tue das, wozu er berufen worden ist. Wer gibt, der tue dies in Einfachheit, wer vorsitzt, der tue es sorgfältig, wer Werke der Barmherzigkeit verrichtet, der tue dies mit Freude. Zu denken: „Ich habe es zu etwas gebracht" oder schlimmer: „Ich habe es geschafft" ist kein weiterführender Gedanke. Wenn wir hingegen nicht meinen, ein Ziel erreichen zu müssen, eine gewisse Wirkung zu erzielen, irgendeinem irgendetwas zeigen zu müssen, dann sind wir wirklich Männer und Frauen des Geistes. Im Hebräerbrief wird den Gemeindemitgliedern empfohlen:

> „Gehorcht euren Vorstehern und ordnet euch ihnen unter, denn sie wachen über eure Seelen und müssen Rechenschaft darüber ablegen; sie sollen das mit Freude tun, nicht mit Seufzen, denn das wäre zu eurem Schaden" (Hebr 13,17).

Dies habe ich verschiedentlich bei einigen Gemeinden in Erinnerung gebracht, die etwas aufsässig waren, indem ich sagte: „Lasst mich meinen Dienst in Freude verrichten, schenkt mir die Möglichkeit, mich mit euch der Herzlichkeit und der Freundschaft zu erfreuen." Das Lächeln ist etwas Heiliges. Es ist ein Privileg, sich eines echten, aus freien Stücken geschenkten Lächelns zu erfreuen, bei dem es keine Berechnung oder Verführung gibt. Es ist eine der größten positiven Eigenschaften des Menschen; es lässt uns im Voraus etwas von der Ewigkeit, dem Lächeln der Heiligen und Gottes verspüren.

Die vierte Ermahnung ist schließlich entscheidend und zugleich komplex: die Liebe. Menschliches Verhalten ist vielfach von Rivalität, Neid und Eifersucht bestimmt, wie René Girard sagt: Entweder beneidet man denjenigen, der andere Vorzüge hat, oder man beneidet denjenigen, dem es besser geht. Dies ist typisch für die Gemeinden, und deshalb ist es ein Wunder und eine Gnade, wenn das Gegenteil geschieht: in Einheit und Geschwisterlichkeit zu leben.

Paulus zählt hier wenigstens 20 einfach aneinandergereihte Eigenschaften der Liebe auf, die von großer Bedeutung sind. Ungeheuchelt soll die Liebe sein. Gelegentlich kommt man an Orte, wo man auf Höflichkeit trifft, vielleicht auch auf ein Lächeln, wo es aber keine Liebe gibt: Es ist die geheuchelte Liebe. Die Liebe soll eben nicht vorgespiegelt sein oder nur zur Schau getragen:

> „Die Liebe sei ohne Heuchelei. Verabscheut das Böse, haltet fest am Guten! Seid einander in brüderlicher Liebe zugetan, übertrefft euch in gegenseitiger Achtung! Lasst nicht nach in eurem Eifer, lasst euch vom Geist entflammen und dient dem Herrn! Freut euch in der Hoffnung, seid geduldig in der Bedrängnis, beharr-

> lich im Gebet! Nehmt Anteil an den Nöten der Heiligen; gewährt jederzeit Gastfreundschaft! Segnet eure Verfolger; segnet sie, verflucht sie nicht! Freut euch mit den Fröhlichen und weint mit den Weinenden! Seid untereinander eines Sinnes; strebt nicht hoch hinaus, sondern bleibt demütig! Haltet euch nicht selbst für klug!" (Röm 12,9-16).

Dieser letzte Rat ist besonders wichtig, denn oft hat man den Eindruck, dass die Priester darin wetteifern, sich gegenseitig und Abwesende zu kritisieren. Wetteifert hingegen in eurer gegenseitigen Achtung.

Und lasst in eurem Eifer nicht nach. – Paulus weiß, dass Trägheit Traurigkeit bedeutet. Sie mag beruhigend wirken, doch lähmt sie das Herz, der Bogen ist nicht mehr gespannt. Seid nicht träge im Eifer, seid vielmehr eifrig im Geist.

Seid froh in der Hoffnung auf das ewige Leben. – Ja, auf das ewige Leben hoffen wir, aber wie gesagt so spät wie möglich.

Seid froh in der Hoffnung, anders gesagt: Das, was ihr hofft, soll euch Freude bereiten.

Seid stark in der Drangsal und ausdauernd im Gebet. – Wie oft fangen wir an zu beten, doch dann unterbrechen wir wegen des Handys und sind anderswo. Wir brauchen Ausdauer; gegebenenfalls schalten wir das Handy einfach aus.

Seid besorgt um die Nöte der anderen, bemüht um die Gastfreundschaft, segnet diejenigen, die euch verfolgen. – Das ist ein „klassischer" Aspekt der Frohen Botschaft: Segnet und verflucht nicht! Freut euch mit denen, die sich freuen! Weint mit denen, die weinen! Das Mitgefühl ist eine grundlegende Tugend.

Habt die gleichen Gefühle untereinander, strebt nicht nach zu hohen Dingen, beugt euch hingegen zu den Demütigen. Habt keine zu hohe Vorstellung von euch selbst.

Dann folgen weitere Ermahnungen:

> „Vergeltet niemandem Böses mit Bösem! Seid allen Menschen gegenüber auf Gutes bedacht! Soweit es euch möglich ist, haltet mit allen Menschen Frieden! Übt nicht selbst Vergeltung, Geliebte, sondern lasst Raum für das Zorngericht Gottes; denn es steht geschrieben: Mein ist die Vergeltung, ich werde vergelten, spricht der Herr. Vielmehr: Wenn dein Feind Hunger hat, gib ihm zu essen, wenn er Durst hat, gib ihm zu trinken; tust du das, dann sammelst du glühende Kohlen auf sein Haupt. Lass dich nicht vom Bösen besiegen, sondern besiege das Böse durch das Gute!" (Röm 12,17-21)

Der letzte Satz ist wunderbar: „Lass dich nicht vom Bösen besiegen, sondern besiege das Böse durch das

Gute!" Die Bibel wird nicht müde, uns vom Buch Genesis an zu wiederholen, dass sich im Herzen des Menschen Weizen und Unkraut finden, die Mächte des Bösen und die Kräfte des Guten. Mit der Gnade Gottes ist der Mensch frei, den guten und hellen Anteil in sich überwiegen zu lassen oder den bösen und dunklen. Wenn wir gut auf unser Herz schauen, entdecken wir, dass die negativen Kräfte des Bösen und die positiven des Guten in uns in ständigem Streit liegen. Denken wir daran, wie wir plötzlich von Zornesausbrüchen erfasst wurden und wie wir wenige Augenblicke später unsere aggressive Verhaltensweise bedauert haben.

Es geht nicht darum, das Böse zu fürchten, das heißt den negativen Teil von uns, der sich schon im Herzen der Kleinkinder und der Kinder findet. Es geht auch nicht darum, die Attraktion zu verteufeln, die das Böse gelegentlich auf uns ausübt; eine Attraktion, die wie eine Schlange im menschlichen Geist tätig wird und die uns von Anfang an beeinflusst. Es geht hingegen darum, um unsere Verantwortung für die Wahl zu wissen: Welchen der beiden Anteile wollen wir in uns überwiegen lassen? Jenen dunklen, der das Böse will, den Hass und die Zerstörung, oder jenen, der das Gute, die Liebe, die Schöpfung vorzieht?

Die Zuversicht in diesem Kampf besteht darin, sich nicht entmutigen zu lassen und immer nach vorne zu schauen, überall Samen des Guten auszusäen und der göttlichen Vorsehung das Keimen und die Früchte zu überlassen.

Demjenigen Gutes zu erweisen, der mir Böses zufügt, erscheint unmöglich für die menschlichen Kräfte allein. Da gewinnt das Liebesgebot seine letzte, endgültige und zugleich eine neue Dimension; denn es ist dadurch möglich geworden, dass Jesus selbst es gelebt hat „in seinem Fleisch", in seinem Leiden, bis zum Tod.

Auf unsere Frage vom Anfang, ob es nun auf der Welt mehr Böses oder mehr Gutes gebe, gibt es keine direkte Antwort. Wichtig ist, sich vom Bösen nicht besiegen zu lassen, sondern das Gute hervorzubringen, um das Böse zurückzudrängen, wie Gott es macht: selbst aus dem Bösen Gutes erwachsen lassen.

Dies ist die Antwort, die befriedigt, die Antwort, die nicht nur den Verstand, sondern auch das Gefühl und das Herz einbezieht. Bitten wir, dass dies unsere Antwort sei und die der ganzen Kirche.

Auch Petrus verweist mit Nachdruck auf die Bedeutung der Liebe. Bei ihm sehen wir, dass die einzige Voraussetzung, um Hirte zu sein, die Liebe ist: eine Liebe in der Gewissheit, Vergebung erlangt zu haben. Dreimal fragt Jesus ihn: Liebst du mich? (vgl. Joh 21,15-19). Um ihm die Gewissheit der Vergebung zu verleihen (Petrus hatte Jesus ja dreimal verleugnet) und die Liebe auf die erhaltene Vergebung zu gründen. Wem vergeben wurde, der wird auch seinerseits vergeben. Wir, denen vielfach vergeben worden ist, sind berufen, unsererseits zu vergeben und Barmherzigkeit walten zu lassen. Vergebung und Barmherzigkeit haben nicht viel Platz in der Welt, so wie wir sie gemacht haben, im alltäglichen Leben, in den Beziehungen zwischen den Menschen, zwischen Familien, zwischen Gemeinschaften und Völkern.

Christus am Kreuz zeigt uns den Höhepunkt der Vergebung:

> „Vater, vergib ihnen, denn sie wissen nicht, was sie tun!" (Lk 23,34).

Es geht darum, grundlegend unsere Einstellung und unsere Gewohnheiten zu verändern; es geht darum, uns zu einem wirklich christlichen Verhalten im tagtäglichen Leben zu bekehren: in der Familie, bei der Arbeit, gegenüber allen.

Jesus begegnete einer von dem Motto „Auge um Auge und Zahn um Zahn" geprägten Mentalität, ebenso dem harten Gesetz des römischen Rechts und manch absurder Vorschrift von Rabbinen, die auf ihre Weise die Bibel lasen und auslegten. Da gab es Regeln wie: Der Ehefrau vergibt man dreimal; dem Ehemann zweimal, dem Fremden einmal usw. ... Es hieß, Gott vergebe bis zu dreimal; das war schon das Maximum.

Den eigenen Leuten gegenüber konnte man ja noch großzügig sein und ihnen vergeben, einen Fehler verzeihen, aber den anderen, denen, die anders sind, nicht.

Auf heute übertragen: Diejenigen, die sind wie man selbst, werden selbstverständlich akzeptiert. Anders sieht es aus, wenn jemand zu einer anderen Bildungsschicht gehört, eine andere Hautfarbe hat oder eine andere Nationalität besitzt, wenn einer nicht meine religiösen Überzeugungen teilt, wenn er zum Beispiel nicht in die Kirche geht, wenn er ein „zweifelhaftes Leben führt“ usw. Wie denken wir da, wie verhalten wir uns da?

Petrus meinte, er könnte übertreiben, als er Jesus fragte:

> „Herr, wie oft muss ich meinem Bruder vergeben, wenn er gegen mich sündigt? Bis zu siebenmal?“

Doch Jesus erwiderte:

> „Ich sage dir nicht: bis zu siebenmal, sondern bis zu siebzigmal siebenmal“ (Mt 18,21f).

Was bedeutet: immer.

KLEINER EXKURS ÜBER DAS GEBET

Ich möchte hier einen Einschub machen und bei der Bedeutung und dem Wert des Gebetes bleiben. Auch das Gebet fügt sich in den *geistigen Kult* ein, zu dem Paulus aufruft.

Zunächst stelle ich im Evangelium fest, dass Jesus für mich betet. Schon die Tatsache, dass Jesus betet, ist ein Geheimnis. Wir könnten denken, dass Jesus alles zur Verfügung hat, doch spricht er mit dem Vater und legt allen die Notwendigkeit ans Herz, zu beten. Jesus betet – und folglich auch ich.

Ganz offen: Wenn ich am Ende meines Lebens sagen sollte, was die vernünftige Grundlage des Gebetes sei, dann wüsste ich das nicht zu sagen. Ich bete, weil Jesus gebetet hat; ich bete, weil der Herr uns zum Gebet einlädt; ich bete, da das Gebet ein Geheimnis ist, das man vernünftig nicht erklären kann. Das Gebet versetzt uns ins Herz Gottes, in den Sinn Gottes, es erweitert die Dimension des Geistes.

Bitten wir stets darum, im Gebet auszuharren.

Im Gebet fließen gelegentlich Tränen. Diese Tränen sind gesegnet wie eine Taufe. Beten wir um die Gabe der Tränen! Eine Träne der Reue löst die Härte des Herzens und bewässert das trockene Land unserer Seele.

Ich erinnere mich, dass ich vor einigen Jahren einen „Lehrstuhl der Nicht-Glaubenden" zum Thema „Das Gebet dessen, der nicht betet" veranstaltet habe. Ich hatte einige Nicht-Glaubende, die beten, eingeladen, zu erklären, was für sie das Gebet bedeutete. Eine renommierte Psychoanalytikerin schrieb mir: „Ich glaube nicht an Gott, aber ich bete zweimal am Tag." Eine nicht glaubende Dichterin wandte sich an Gott wie an ein Du. Wir haben auch einen buddhistischen Mönch eingeladen, der an nichts glaubt, aber betet. Wir sind zu dem Schluss gekommen, dass das Gebet fast tiefer ist als der Glaubenssinn, tief verankert im Herzen, wie unsere DNA. Wenn wir beten, sind wir wirklich wir selbst. Wenn wir nicht beten, verlieren wir die rechte Selbsteinschätzung.

Jesus hat gebetet, und so müssen auch wir beten.

Es erstaunt mich, dass Jesus auch für sich selbst gebetet hat. Wieso brauchte er das? Er hat für sich gebetet, um seine Verherrlichung. So muss auch ich für mich zu beten wissen, denn der Herr wünscht es.

Dann hat er für uns gebetet, nicht nur für die Apostel, sondern für alle, die glauben werden. Wir sind von seinem Gebet getragen und gestützt, ernährt durch sein Gebet.

Unser Gebet ist das Gebet, das Jesus für uns verrichtet hat und das Jesus in uns verrichtet. Das ist ein erschreckendes Geheimnis; ich bitte um die Gnade, dass ich es immer weiter vertiefen kann, indem ich dem Gebet die rechte und auch ausgedehnte Zeit einräume unter Verzicht auf Fernsehen, Handy, Internet usw., um längere Zeiten freizuhalten, in denen ich allein Gott anbete und mich ihm in Demut anheimgebe.

Sicher kennt das Gebet auch seine Prüfungen. Nicht nur die heilige Therese von Lisieux, auch eine Mutter Teresa von Kalkutta und andere haben lange Zeitspannen völliger Trockenheit, völliger Abwesenheit Gottes im tiefsten Dunkel erfahren. Ich habe Mutter Teresa mehrfach getroffen: Sie war ganz gelöst, voller Frieden, voller Geduld und „voller Gebet". Es gibt offenbar ein Geheimnis im Gebet, auch im trockenen, scheinbar nicht wirklich stattfindenden Gebet, in dem wir uns doch Gott zuwenden und die Seinen sind.

Das Reich Gottes

Gerechtigkeit, Friede und Freude im Römerbrief

Es gibt verschiedene Weisen, Exerzitien über den Römerbrief abzuschließen. Man könnte den Schlusshymnus des Briefes kommentieren, der vielleicht nachträglich hinzugefügt worden, aber sehr schön ist:

> „Dem aber, der die Macht hat, euch Kraft zu geben – gemäß meinem Evangelium und der Botschaft von Jesus Christus, gemäß der Offenbarung jenes Geheimnisses, das seit ewigen Zeiten unausgesprochen war, jetzt aber nach dem Willen des ewigen Gottes offenbart und durch prophetische Schriften kundgemacht wurde, um alle Heiden zum Gehorsam des Glaubens zu führen –, ihm, dem einen, weisen Gott, sei Ehre durch Jesus Christus in alle Ewigkeit! Amen“ (Röm 16,25-27).

Dies ist eine wunderschöne Gesamtsicht des Heilswerks. Ich halte es dennoch für nützlicher, einige Ansatzpunkte für eine Reflexion aufzuzeigen und möchte speziell das Thema des *Reiches Gottes im Römerbrief* aufgreifen. Der Begriff selbst erscheint nur einmal im 14. Kapitel, wo es heißt:

> „Das Reich Gottes ist nicht Essen und Trinken, sondern Gerechtigkeit, Friede und Freude im Heiligen Geist" (Röm 14,17).

Rufen wir uns die „Vorgeschichte" in Erinnerung. Wir wissen, dass das Reich Gottes das zentrale Thema der Predigt Jesu war. Johannes Paul II. hat die „Predigt des Reiches" in die Geheimnisse des „lichtvollen Rosenkranzes" eingereiht („... Jesus, der uns das Reich Gottes verkündet hat").

Das „Reich" (griechisch: βασιλεία, Reich, Herrschaft) wird vor allem bei den Synoptikern erwähnt, und zwar ohne genauere Bestimmung, worin es besteht. Es gibt bloß Vergleiche: „Es ist wie ...". Es sind ganz verschiedene Vergleiche, die Himmel und Erde und verschiedene Situationen betreffen. Es bleibt immer etwas Geheimnisvolles bei diesem Thema. An sich geht es darum, dass Gott sich alles aneignet, alles Böse besiegt, alles Gute fördert und zur vollkommenen Freude gelangen lässt. Das Menschenwesen verlangt nach einer Erfüllung, die es allerhöchstens in seltenen, ganz flüchtigen Augenblicken findet. Das

Menschenherz sehnt sich nach einer Ewigkeit, die es vielleicht manchmal erahnt.

Der Mensch ist der ewig Unzufriedene, auch wenn er sich scheinbar zufrieden gibt. Dies ist so, weil das Leben eines jeden von uns die Sehnsucht in sich trägt, sich der Liebe zu nähern, der es sich verdankt.

> „Wir haben hier keine bleibende Stadt, sondern wir suchen die zukünftige" (Hebr 13,14).

Die Zeit ist für jedes Menschenwesen kurz und drängend, sie geht vorbei und kommt nicht wieder. Und in dieser flüchtigen Zeit spielt sich das Gelingen unseres Lebens ab und bereitet sich die Ewigkeit vor, unsere „Wahl" für die Ewigkeit.

Eine kurze, drängende Zeit auch für die Welt, die sich wandelt, um uns herum.

Das Wort Gottes erinnert uns an eine wesentliche Dimension des Lebens: die Dimension des Provisorischen. Wir leben als Pilger, geradezu als Nomaden, wie es auch Petrus in den ersten beiden Kapiteln seines ersten Briefes festhält.

Pilger – jeden Tag. Fremdlinge allerorten. Nomaden, die jeden Morgen das Zelt abbrechen und es jeden Abend wieder aufschlagen, bis uns ein festes Haus verliehen wird, eine Bleibe für immer.

In Raum und Zeit als Nomaden zu leben ist ein reiner Akt der Demut. Es heißt schließlich, sich vor dem Universum als klein wahrzunehmen und niemals zu meinen, man sei „angekommen".

Nomaden. Dies ist die tatsächliche, objektive Situation eines jeden von uns, jeder Familie, aller Menschen auf dieser Erde. Doch sind wir in der Lage, so zu leben? Leben wir wie Fremde oder wie Leute, die angekommen sind, ihren Platz gefunden haben? Wie Fremdlinge oder wie Leute, die hier ihre Wurzeln geschlagen haben, so als ob sie sich niemals mehr auf den Weg machen müssten? Wie Umherziehende in einem Zelt oder wie Herren, denen es nur darum geht, es sich wohl sein zu lassen, bequem und ruhig zu leben, ohne an die Zeit zu denken, die vergeht, an das bleibende Gute, an die Schwestern und Brüder, die die Hand ausstrecken?

Das Thema des Endes der Zeiten und des Reiches verschwindet fast ganz in der frühen Verkündigung. Dies liegt wahrscheinlich an dem, worauf ich am Anfang dieser Exerzitien hingewiesen habe: dass es schön wäre, vom endgültigen, letzten Reich zu sprechen, zu dem wir unterwegs sind, aber genauso schön und faszinierend, von dem Ursprung zu sprechen, in dem das Reich Gestalt gewinnt: vom Tod und von der Auferstehung Jesu. Die frühe Verkündigung erwähnte weniger das Reich als vielmehr Jesus, den Gestorbenen und Auferstandenen als Beginn des Reiches.

Noch heute bezeichnet dieses Wort etwas Vorgefundenes, aber zugleich auch eine *Verheißung der Fülle.*

So wird es zum Beispiel in einem großartigen Abschnitt im 1. Korintherbrief gebraucht, in dem es heißt:

> „Danach kommt das Ende, wenn er jede Macht, Gewalt und Kraft entmachtet hat und seine Herrschaft (griechisch: βασιλείαν, lateinisch: *regnum*) Gott, dem Vater, übergibt …
> Wenn ihm dann alles unterworfen ist, wird auch er, der Sohn, sich dem unterwerfen, der ihm alles unterworfen hat, damit Gott alles in allem sei" (15,24.28).

Dies ist eine geheimnisvolle Definition des endgültigen Reiches, die Teilhard de Chardin in seinen Werken breit aufgenommen hat und die den Sinn der gesamten Schöpfung bezeichnet, die Bestimmung von all dem, was Gott seit unvordenklichen Zeiten in der Welt ausgelöst hat. Es ist dieses Reich, das am Ende bleibt als das, was Wert und Bestand in Ewigkeit hat, wobei der gestorbene und auferstandene Jesus Christus den Keim bildet.

Paulus spricht wenig vom Reich Gottes, doch er spricht viel von Gerechtigkeit, Wahrheit, Freiheit und Freude. Bei einer einzigen Gelegenheit definiert Paulus das Reich in seinen Kategorien, die mir ausgesprochen schön erscheinen: im 14. Kapitel des Römerbriefs, in dem er mit den „Schwachen" und den „Starken" der Gemeinde diskutiert. Es ist nicht ganz klar, was

Paulus sich eigentlich genau vorstellt. Sein Hauptanliegen ist jedenfalls klar: Es geht nicht um Speise oder Trank, um Genuss oder Verzicht, sich zu enthalten oder zu essen, denn

> „das Reich Gottes ist Gerechtigkeit, Friede und Freude im Heiligen Geist" (Röm 14,17).

Dies ist eine wunderschöne Definition des „Reiches". Zunächst und vor allem ist das Reich Gottes der Geist, der in uns wirkt, sein Gesetz, das in uns eingedrungen ist und das uns das Gespür für die Werte des Evangeliums verleiht: auf dass wir lieben, was Jesus geliebt hat, und wählen, was Jesus gewählt hat. So ist der Geist der wahre Urheber der Wahlentscheidungen der Kirche. Wenn man vom Heiligen Geist erfüllt ist, dann gibt es Gerechtigkeit, Frieden und Freude. Es handelt sich um menschliche Gerechtigkeit, das heißt um gerechte, geradlinige, korrekte Beziehungen zwischen den Menschen und zwischen Mensch und Gott.

Ich möchte diese drei Worte *Gerechtigkeit, Frieden* und *Freude* herausstellen; für Paulus sind es untrügliche Zeichen des Geistes. Wenn einer mit sich in Frieden lebt, dann lebt er in Frieden mit Gott und sucht den Frieden mit den anderen. Wenn es Freude gibt, das heißt eine von innen kommende Heiterkeit, wenn es die Fähigkeit gibt, überall die Zeichen der positiven Gegenwart Gottes wahrzunehmen, wenn jede Situation in der rechten Weise gedeutet wird als eine Gelegenheit zu wachsen, wenn wir uns von Gott geliebt spüren und wenn wir spüren, dass Gott alles zu unserem Wohl wirkt, dann sind Gerechtigkeit, Friede und Freude die Zeichen des Geistes, sie sind die Vorwegnahme des Reiches, das schon jetzt gegenwärtig ist und wirkt. Das Reich kann nur „gegenwärtig werden" auf dem Weg über diese Werte.

Im Matthäusevangelium wird das „Himmelreich" mit einem Schatz verglichen, es ist der eigentliche „Schatz":

> „Mit dem Himmelreich ist es wie mit einem Schatz, der in einem Acker vergraben war. Ein Mann entdeckte ihn und grub ihn wieder ein. Und in seiner Freude ging er hin, verkaufte alles, was er besaß, und kaufte den Acker. Auch ist es mit dem Himmelreich wie mit einem Kaufmann, der schöne Perlen suchte. Als er eine besonders wertvolle Perle fand, ging er hin, verkaufte alles, was er besaß, und kaufte sie" (Mt 13,44f).

Für Paulus, in seinem Jargon, besteht das Himmelreich, der Schatz, darin,

> „an Wesen und Gestalt des Sohnes teilzuhaben" (Röm 8,29).

Der Verweis auf das Himmelreich und auf das große Ziel der Angleichung an das Bild des Sohnes sind alles andere als eine Gebrauchsanleitung, wie man im rechten Frieden zu leben habe, keine Handreichung mit Anweisungen, die von Generation zu Generation aufs Neue in asketische Übungen, pseudospirituelle Wege oder ethische Verhaltensregeln umzumünzen wären.

Das Himmelreich besteht vielmehr darin, wie uns das Gleichnis sagt, dass man sich auf einen verborgenen Schatz, auf eine Perle von großem Wert einlässt: dass man sich also treffen lässt im täglichen Leben, in der Mühe des Wachsens und Reifens, im Suchen, im Bemühen zu verstehen, in der Enttäuschung über Rückschritte, in der Schwächung durch Leiden, im Versuch zu lieben … – in jenem Gemisch von Verwirrung und Ordnung, von Fragen und Klarheit, das wir nun einmal sind … Dass wir uns darauf einlassen. Weil da etwas ist, das sich unserem Herzen offenbart als Verheißung vollen, schönen Lebens. Etwas so Verheißungsvolles, dass wir ihm vertrauen, dass wir Leidenschaft und Schweiß darauf verwenden und alles darauf setzen, unser ganzes Leben!

Und wenn dieser „Schatz" dann nicht irgend*etwas* ist, sondern *jemand*, dann versteht man noch besser, wieso es sich nicht um einen Entwurf mit vorgegebenem Handlungsrahmen handeln kann, der bereits für alle geschrieben wäre.

So wünsche ich euch, dass euer tagtägliches Handeln stets begleitet ist von Gerechtigkeit, Frieden und diesem Enthusiasmus. Ihr dürft wissen, dass ihr ein Recht darauf habt! Und dass es keine Situation gibt, die zu bleibenden Verbitterungen führen müsste. Dass *jede* Situation aufgebrochen werden und in die Freude des Herrn hineinführen kann.

Das ist es, was ich euch von ganzem Herzen wünsche.

Der Autor:
Carlo Maria Martini (1927–2012), Jesuit, Bibelwissenschaftler, Erzbischof von Mailand (1980–2002), mehrere Jahre Präsident des Rates der Europäischen Bischofskonferenzen.
Mit seiner offenen, an der biblischen Botschaft Maß nehmenden Verkündigung hat Carlo Maria Martini Menschen über alle Grenzen hinweg angesprochen, nicht zuletzt junge Zuhörer/innen und Nichtglaubende. Seine im Verlag Neue Stadt erschienenen Werke haben eine Auflage von weit über 100.000 Exemplaren erreicht.

Der Übersetzer:
Johannes Beutler SJ, emeritierter Professor für Theologie des Neuen Testaments und Fundamentaltheologie, Lehrtätigkeit in Sankt Georgen/Frankfurt, an der Päpstlichen Universität Gregoriana und am Päpstlichen Bibelinstitut in Rom, Schwerpunkt in der Johannesforschung.

Aus dem Programm des Verlags Neue Stadt

Don Damiano Modena, der Kardinal Martini in den letzten, von der Parkinsonerkrankung geprägten Lebensjahren zur Seite stand, hat dessen Zeugnis in einer beeindruckenden Publikation festgehalten:

Damiano Modena
CARLO MARIA MARTINI.
Wenn das Wort verstummt

160 Seiten, gebunden
ISBN 978-3-7346-1001-1

»Die Beobachtungen berühren. Indiskret sind sie nicht. Aber sie beschönigen auch nichts, nur weil ein Kardinal, ein prominenter Bibelwissenschaftler und weltweit gefragter geistlicher Autor dem Tod in die Augen schaut – und langsam, sehr langsam Abschied nehmen muss von körperlicher wie geistiger Mobilität. […]
Don Damiano fragt Martini, ob er etwas braucht. Die Antwort: „Ich bin bereit für den Tod." Der 31. August 2012 ist ein Freitag. Jesus ist um drei Uhr gestorben.
„Nach drei Jahren, die wir zusammen verbracht haben, weiß ich, dass man bei Carlo Maria Martini nie abgelenkt sein sollte, nie. Ich beobachte, wie er atmet. Wie viel hat er in Bewegung gesetzt … Dann der letzte Atemzug …" Eine Frau bringt einen Blumenstrauß aus dem Park. Niemand beachtet ihn. Zwei Wochen später blüht er immer noch, wie am 31. August." – Welches Bild könnte besser aussagen, was Carlo Maria Martini in seinem Leben als Jesuit, Wissenschaftler, Erzbischof und Kardinal zum Blühen gebracht hat? Über seinen Tod hinaus.«

Andreas R. Batlogg SJ

www.neuestadt.com

Aus dem Programm des Verlags Neue Stadt

Mit Martinis letztem, Aufsehen erregendem Interview:

Carlo M. Martini
GOTTESSPUREN

256 Seiten, gebunden
ISBN 978-3-87996-978-4

Carlo M. Martini ging in seiner pastoralen Tätigkeit immer wieder den Spuren des oft als fern empfundenen Gottes nach, eines Gottes, der Liebe, der Beziehung, der »dreifaltig« ist.
Dieser Sammelband enthält seine Ausführungen über:
– Jesus, »der alles für uns ist«: Weg, Licht, Leben;
– Gott, den Vater aller Menschen;
– den Gottesgeist, der auch heute wirkt, oft anders und anderswo, als wir meinen;
– über diesen dreifaltigen Gott und das Geheimnis der heruntergekommenen, mit-leidenden Liebe.

Carlo Maria Martini
DIE BOTSCHAFT
DER WEIHNACHT

160 Seiten, gebunden
ISBN 978-3-7346-1021-9

Diese Reflexionen und Meditationen zeigen: Die Weihnachtsbotschaft verändert den Blick auf die Welt, sie setzt neue Prioritäten, sie wirft Licht auf unsere Zeit und unser Leben mit seinen Höhen und Tiefen. Ein Buch, das Herz und Geist berührt und ins Zentrum des Christseins führt.

www.neuestadt.com

Aus dem Programm des Verlags Neue Stadt

Ermes Ronchi
DIE NACKTEN FRAGEN
DES EVANGELIUMS

192 Seiten, gebunden
ISBN 978-3-7346-1112-4

Jesus liebte die Fragen. Weil sie das Potenzial haben, weiterzuführen.
Ein Buch, das immer weitere Kreise zieht. Papst Franziskus dankte Pater Ronchi »für diese Anstöße, wieder uns selbst zu finden«.

Raniero Cantalamessa
DAS ANTLITZ
BARMHERZIGKEIT

192 Seiten, gebunden
ISBN 978-3-7346-1079-0

Biblisch-theologische Meditationen wichtiger alt- und neutestamentlicher Stellen führen zu einer neuen Begegnung mit dem »barmherzigen Antlitz Gottes«.

Gianfranco Ravasi
DIE VIER EVANGELIEN
Hinführungen und Erklärungen

456 Seiten, gebunden
ISBN 978-3-87996-986-9

»Es wird deutlich, dass die Evangelien wie die Menschen aller Zeiten auch uns ansprechen wollen. Ravasi betrachtet den Text als etwas Lebendiges, dem man nur in einer auch existenziellen Offenheit gerecht wird.«
(Buchprofile)

www.neuestadt.com

Mehr unter:
www.neuestadt.com